Philipp Melanchthon, Karl Hartfelder

Philipp Melanchton Declamationes

Zweites Heft

Philipp Melanchthon, Karl Hartfelder

Philipp Melanchton Declamationes
Zweites Heft

ISBN/EAN: 9783743695436

Hergestellt in Europa, USA, Kanada, Australien, Japan

Cover: Foto © Lupo / pixelio.de

Weitere Bücher finden Sie auf **www.hansebooks.com**

Lateinische Litteraturdenkmäler

des XV. und XVI. Jahrhunderts.

Herausgegeben von

Max Herrmann.

PHILIPPVS MELANCHTHON

DECLAMATIONES.

Ausgewählt und herausgegeben

von

Karl Hartfelder.

Zweites Heft.

BERLIN.

Weidmannsche Buchhandlung.

1894.

Am 7. Juni 1893 ist Karl Hartfelder, fünfundvierzig Jahre alt, in Heidelberg gestorben. Eine Gelehrtennatur von ungewöhnlichem Forschungs- und Darstellungsdrang, deren rastlose Thätigkeit ganz besonders den Studien zur Geschichte des Humanismus und der Reformation zu gute gekommen ist; nicht eigentlich ein Bahnbrecher auf unbetretenen Arbeitsgebieten oder auf ungebahnten Wegen moderner Arbeitsmethoden, aber glänzend ausgestattet mit philologischem und theologischem Rüstzeug und zu der wichtigen Aufgabe berufen, durch sein Vorbild und seine Belehrung weitere Kreise zu wissenschaftlicher Beschäftigung mit der deutschen Kultur und Litteratur des 15. und 16. Jahrhunderts heranzuführen. Ein Vergleich mit dem Helden seines besten Lebenswerkes, mit Philipp Melanchthon, liegt nahe genug, und gewiſs war Hartfelder auf gutem Wege, unter den Erforschern der grossen Kulturumwälzungen jener Zeit einen Platz dem ähnlich zu erringen, den Melanchthon in diesen Bewegungen selbst besessen hat. Da machte der Tod allen wohlbegründeten Plänen und Verheiſsungen ein Ende, und mit anderen Organen der Wissenschaft haben auch die 'Lateinischen Litteraturdenkmäler', die ja auch ihrerseits das Interesse für die Geschichte des Humanismus und der Reformation in weitere Kreise tragen wollen, besonderen Grund, um den dahingegangenen Freund und Mitarbeiter zu trauern.

Als ein Vermächtnis bieten wir aus seinem Nachlaſs ein zweites Bändchen Melanchthonscher Declamationes, deren erstes Heft von vielen Seiten mit der Bitte um weitere Proben begrüſst worden ist. Auch hier sind wiederum Schulfragen reiz-

*

voll behandelt, und Erörterungen über den Wert der Prüfungen, über das Verhältnis der Kirche zur Schule und über den Nutzen des Griechischen haben gewifs neben dem historischen auch noch ein besonderes aktuelles Interesse. Zu den Erläuterungen, die der Herausgeber den einzelnen Nummern gegeben hat, möge man als Ergänzung seine allgemeinen Ausführungen über das Wesen der Declamationes und die bibliographischen Angaben über die Sammlungen im vierten Heft der LLD. p. IV—XVII und XXIX—XXXII heranziehen.

Berlin.

Max Herrmann.

Einleitung.

1. **De gradibus discentium.** Die 'gradus discentium', die akademischen Grade, sind jene wichtige Einrichtung an den mittelalterlichen Hochschulen, welche den Studiengang regelte. Die mit ihnen verbundenen Prüfungen waren um so bedeutungsvoller, als staatliche Examina, ähnlich unseren Staatsprüfungen, überhaupt nicht vorhanden waren[1].

Die Reihenfolge der akademischen Grade, die an den verschiedenen Hochschulen die gleiche war, möge kurz hier auseinandergesetzt werden. Der angehende Student, der die 'Hochschule bezog, mußte sich zunächst immatrikulieren oder, wie damals der Ausdruck lautete, intitulieren lassen, wobei sein Name in die Matrikel der Universität eingetragen wurde. Der heutige Fuchs hieß damals beanus, was man vielleicht mit Gelbschnabel, 'bec jaune', richtig erklärt. Durch die sogenannte Depositio[2], eine mit allerlei Derbheiten verbundene symbolische Handlung, die der jetzt außer Gebrauch gekommenen 'Fuchstaufe' entspricht, wurde der Neuling gewissermaßen zum echten Studenten geweiht.

Je nach den Vorkenntnissen, die er zur Universität mitbrachte und die bei den einzelnen Studenten sehr verschieden

---

[1] Über die akademischen Grade vgl. A. Thorbecke, Geschichte der Universität Heidelberg. Heidelberg 1886. 1, S. 88 ff. und die Litteratur ibid. Anm. 37*. Hartfelder, Melanchthon. S. 454 (zur Ergänzung des Artikels baccalaureus in Böckings Index onomast. zu Hutteni opp. suppl. II, 1, S. 302.)

[2] Die Litteratur dazu bei Hartfelder a. a. O. S. 460. Anm. 1.

waren, da es kein Abiturientenexamen gab, meldete sich der Student, suppositum genannt, zu dem Examen für den ersten akademischen Grad. Voraussetzung war in der Regel eine mindestens zweijährige Lehrzeit, die man mit dem Besuch der Vorlesungen, Repetitionen und Disputationen auszufüllen hatte. Trotz mancher Verschiedenheiten an den einzelnen Hochschulen wurden meist Kenntnisse in der lateinischen Grammatik, der Logik, den Elementen der Physik und Metaphysik verlangt. Wer die Prüfung bestand, hiefs baccalaureus (auch baccalarius oder ähnlich geschrieben).

Das Baccalaureatsexamen war nicht blofs der Abschluss der eigentlich vorbereitenden Studien, sondern auch der Anfang weiterer wissenschaftlicher Arbeit. Die nächste Aufgabe für den Baccalaureus war die Erwerbung der Würde eines Licentiaten und Magisters der sieben freien Künste. Dafür mufsten weitere Lektionen gehört, weitere Disputationen mitgemacht werden. Vorlesungen über schwierigere Fragen der Logik, Physik, Metaphysik und Ethik, auch über Mathematik und Astronomie sollte man besucht, sich auch öfters selbständig im Disputieren versucht haben, ehe man sich zum Licentiatenexamen meldete; wie schon bei der Baccalaureatsprüfung mufste der Kandidat verschiedene Angaben über sein bisheriges Verhalten eidlich bekräftigen und Versprechungen für sein ferneres Leben ebenfalls durch einen Schwur feierlicher gestalten. Der Zuerkennung des Grades eines Licentiaten folgte in der Regel bald der festliche Akt, wo der Kandidat, der die Prüfung wohl bestanden hatte, mit dem Abzeichen der Magisterwürde, dem Barret oder Birret, geschmückt wurde.

Wie man das Baccalaureatsexamen trotz aller Verschiedenheit unserer Abiturienten- oder Reifeprüfung vergleichen kann, so entspricht der Magistergrad unserer philosophischen Doktorwürde. Mit der Erreichung dieses Grades schlofs das Studium in der artistischen, der philosophischen Fakultät ab: nun hatte sich der Student den Weg zu einer der drei höheren Fakultäten, der theologischen, juristischen oder medizinischen gebahnt; denn die Artistenfakultät galt als eine Art Vorschule für die oberen Fakultäten. Auch hier gab es wieder verschiedene Grade, Baccalaureus, Licentiat und Doktor, die in ähnlicher Weise durch ein mehrjähriges Studium und durch Prüfungen erworben wurden.

Es kann keinem Zweifel unterliegen, daſs dieser genau geregelte Studiengang, wenn er gewissenhaft befolgt wurde, vortreffliche Eigenschaften hatte, daſs er dem Unsicheren ein gutes Leitseil für das Emporklimmen zu den Höhen der Gelehrsamkeit war. Aber am Ende des Mittelalters und am Anfang der neuen Zeit fanden diese Einrichtungen zweierlei Gegner, die auf ihre Umgestaltung, ja sogar gänzliche Beseitigung drangen. Zunächst waren manche Humanisten, freilich bei weitem nicht alle, Gegner der Grade, da diese nur durch logisch-scholastische Kenntnisse zu erwerben waren, welche die Humanisten verachteten. Sie konnten ihre Angriffe auf die schlimmen Miſsbräuche stützen, welche sich im Laufe der Zeit bei Erwerbung der Grade eingestellt hatten[1]. Wegen der Gebühren, welche die Examinatoren einstreichen wollten, lieſs man auch Unwissende die Prüfung bestehen. Sie wurde weder mit Gewissenhaftigkeit noch mit Gerechtigkeit abgenommen. Man erlieſs gegen Geld den Nachweis des Besuchs von Vorlesungen und Übungen, ohne die niemand zum Examen zugelassen werden sollte, und es war ein öffentliches Geheimnis, das ein Student dem anderen sagte, daſs viele Eide, die zur Erlangung der Grade geschworen wurden, nichts als Meineide waren. Zu diesen Miſsständen gesellte sich noch ein weiterer: nur ein verhältnismäſsig kleiner Teil der Studenten nahm die Anstrengungen zur Erwerbung der Grade auf sich, da man im Mittelalter staatliche wie kirchliche Ämter erhalten konnte, ohne je ein Examen bestanden zu haben. Und viele, die Baccalaureen geworden, strebten nicht nach Erlangung weiterer Grade[2].

Als bald nach Beginn der Reformation der Radikalismus der Wiedertäufer auftauchte, fanden die humanistischen Gegner der Grade einen Bundesgenossen in dem Anabaptismus oder der 'Schwarmgeisterei'. Unter Berufung auf das Schriftwort:

---

[1] Einige sind zusammengestellt bei Hartfelder, Historische Zeitschrift 64 (N. F. 28), S. 97—99 [vgl. auch Hartfelders Darstellung bei Schmid, Geschichte der Erziehung 2 (1889), S. 82].

[2] Vgl. die Berechnungen bei Thorbecke a. a. O. S. 88 und Anm. 205.

.Ihr sollt euch nicht lassen Meister nennen, denn einer ist euer Meister, Christus' verwarf Andreas Bodenstein von Karlstadt den Magistertitel samt den übrigen Graden[1]. Als Gegner jedes Eides lehnten die Wiedertäufer auch die bei der Erlangung der akademischen Würden vorgeschriebenen Eide ab. Ohnedem schien den Schwärmern jede Wissenschaft entbehrlich und damit auch jede Veranstaltung zu deren Pflege, wozu ja auch die Grade gehörten.

Obgleich von Hause aus Humanist, trat nun Melanchthon doch für die Beibehaltung der Grade ein, hierin gleicher Meinung mit Luther. Die Gründe, die ihn dabei leiteten, enthält unsere Rede 'De gradibus discentium'. Auch in späteren Jahren hat er wiederholt die Grade empfohlen, die ihm allein eine Bürgschaft für geordnetes und methodisches Lernen zu bieten schienen[2].

Die Rede gewährt einen Einblick in die Erschütterung der Wittenberger Hochschule am Anfang der zwanziger Jahre. Die strenge Studienordnung früherer Zeit war aufgelöst; am schlimmsten fuhr dabei die Artistenfakultät. In hastiger Eile drängten sich die Studenten in die drei oberen Fakultäten, um möglichst bald den Hafen eines nährenden Amtes zu erreichen, ohne die früher üblichen vorbereitenden Studien durchzumachen. Erst die ruhiger werdende Folgezeit hat diesem Mißstand abgeholfen und Wittenberg wie den übrigen protestantischen Hochschulen einen festgeordneten Studienkursus verliehen.

Wenn die Rede auch im Jahre 1525 zum ersten Male im Druck erschien, so folgt daraus nicht unbedingt, daß sie Melanchthon auch im gleichen Jahre gehalten hat.

———

2. De ordine discendi. Diese Rede ist zwar als eine Rede Caspar Crucigers bezeichnet, aber da sie immer unter den Reden Melanchthons gestanden hat, auch nur Gedanken Melanchthons vorträgt, so darf sie auch in diesem Zusammen-

———

[1]) Vgl. Hartfelder, Melanchthon. S. 455.
[2]) Vgl. CR. (Corpus Reformatorum) XI, S. 209 ff., 227 ff.

hang mitgeteilt werden. Aus inneren Gründen ist ohnedem die Verfasserschaft Melanchthons sehr wahrscheinlich.

Caspar Cruciger (Creuziger, Creutzinger) aus Leipzig (1504—1548), aus angesehener bürgerlicher Familie, war 1521 mit seinen Eltern nach Wittenberg übergesiedelt. Im Jahre 1525 erhielt er durch die Empfehlung der Wittenberger die Oberleitung der neu gebildeten Lateinschulen zu Magdeburg[1], wo er bis 1528 mit gutem Erfolge thätig war. Sodann kehrte er wieder nach Wittenberg zurück und gewann eine Stellung an der Hochschule selbst. Im Jahre 1533[2] wurde er gleichzeitig mit Bugenhagen Doktor der Theologie. Nach der hier veröffentlichten Rede muſs er schon 1531 Lehrer in der philosophischen Fakultät gewesen sein.

Der Unterschied, den unsere Declamatio zwischen artes inferiores und artes superiores macht, deckt sich mit dem Unterschied der septem artes[3], dem Lehrstoff der philosophischen Fakultät, und der Wissenschaften der drei oberen Fakultäten, der Theologie, Iurisprudenz und Medizin. Die Rede zeigt, dass die groſsen Miſsstände im Studienkurs der Hochschulen, welche die Rede 'De gradibus discentium' darlegte, um 1531 noch nicht gehoben waren, daſs sich insbesondere viele Studenten mit Übergehung der vorbereitenden Studien in der philosophischen Fakultät möglichst schnell zu den eigentlichen Fachstudien der drei oberen Fakultäten drängten. Diesem unwissenschaftlichen und banausischen Treiben sucht unsere Rede entgegenzuwirken. Sie wurde bei einer Magisterpromotion, wie sie zu Wittenberg zweimal im Jahre, am 6. Januar und am 15. Juni, stattfand, gehalten. Über die dabei beobachteten eigentümlichen Formen habe ich anderwärts eingehend gehandelt[4].

---

[1]) Das Nähere und die Litteratur bei Hartfelder, Melanchthon. S. 498.

[2]) Nicht 1535, wie E. Schwarz in der Theol. Realencyklopädie 3[2], S. 389 angiebt. Vgl. Foerstemann, Liber decan. facult. theol. Witteberg. Lipsiae 1838. S. 29.

[3]) Vgl. darüber oben S. VI.

[4]) Hartfelder, Melanchthon. S. 462 ff.

3. De restituendis scholis. Diese Rede gehört zu
denjenigen, die Melanchthon nicht in Wittenberg, sondern an
anderen Hochschulen vortragen liess. Er schrieb sie für den
Schotten Alexander Alanc, der graeco-latinisiert Alesius genannt
wurde[1]. Im Jahre 1500 zu Edinburg geboren und für den
geistlichen Stand bestimmt, hatte Alesius ein Kanonikat zu
S. Andrews erlangt. Aber der Todesmut des ersten evangelischen
Märtyrers in Schottland, des Priesters Patrick Hamilton, gewann ihn, der den zum Flammentod Verurteilten vorbereiten
sollte, für den evangelischen Glauben. Der ihm deshalb drohen-
den Gefahr entzog er sich durch die Flucht und begab sich
nach Wittenberg, wo er sich besonders an Melanchthon an-
schlofs[2]. Nach kurzem Aufenthalt in England, woselbst er
1535 in Cambridge sogar eine Professur erhielt, ging er wieder
nach Deutschland.

Melanchthon verschaffte ihm nun 1540 einen Lehrstuhl an
der im evangelischen Sinne reorganisierten Universität Frankfurt an der Oder, bei deren Umgestaltung Melanchthon als der
Vertrauensmann Joachims II. von Brandenburg thätig war[3].
Die Rede, mit der Alesius seine akademische Thätigkeit an der
Frankfurter Hochschule eröffnete, ist eben unsere declamatio
'De restituendis scholis'. Ein wohl angezeigtes Thema, da es
sich eben um eine zu restituierende Universität handelte. Auch
ein anderer Lehrer derselben Hochschule, nämlich Georg Sabinus,
der Schwiegersohn Melanchthons, hatte seine Frankfurter Thätigkeit mit einer Rede Melanchthons eröffnet, in der er über den

---

[1]) Vgl. über ihn J. C. Becmanus, Notitia universitatis
Francofurtanae. Francof. ad Viadr. 1707. S. 79—88; Wolters
in der Theol. Realencyklopädie 1[2], S. 259.

[2]) Der Briefwechsel der beiden Männer zog sich durch
viele Jahre hin. Die Briefe Melanchthons an Alesius stehen
CR. III, 1030, 1105; IV, 793, 840; V, 174; VI, 450, 508, 517,
673, 679, 685; VII, 188; IX, 261. Briefe des Alesius eben-
daselbst II, 690; III, 104; IV, 394; V, 98.

[3]) Vgl. den Eintrag in die Frankfurter Matrikel: 'Alexander
Alesius Scotus', wozu eine spätere Hand die Worte fügte: 'theo-
logiae doctor et professor, nunc Lipsiae professor'. S. E. Friedländer,
Ältere Universitäts-Matrikeln. I. Frankfurt a. O. (Leipzig 1887)
1, S. 79; Hartfelder, Melanchthon. S. 517.

Nutzen des Studiums der Eloquenz handelte[1]. Schon im Jahre 1534 übrigens hatte Alesius eine Melanchthonische Rede, 'De gratitudine', gelegentlich einer Doktorpromotion in Wittenberg vorgetragen[2]. In Frankfurt blieb Alesius nur wenige Jahre. Eine Streitigkeit mit einem Kollegen und dem Rate der Stadt verbitterte ihm den Aufenthalt, und er siedelte an die Hochschule Leipzig über, wohin ihn wieder Melanchthon empfahl.

Der charakteristische Standpunkt unserer Rede, dafs nämlich die Fürsten die heilige Pflicht hätten, für die Schule zu sorgen, kehrt auch sonst bei Melanchthon öfters wieder.

IV. De studiis linguae Graecae. Der Überschrift zufolge wurde unsere Rede von Vitus Winshemius vorgetragen. Manchmal heifst dieser auch Vuincemius; sein wahrer Name aber war Vitus Oertel[3]. Er stammte aus dem Städtchen Windsheim in Franken, woselbst er 1501 geboren sein soll. Nachdem er eine Zeitlang eine Privatschule in Wittenberg geleitet hatte, lehrte er auch an der Hochschule, z. B. Rhetorik, und vertrat gelegentlich Melanchthon in seinen griechischen Vorlesungen. Im Jahre 1541 wurde ihm vom Kurfürsten die 'griechische Lektion' übertragen. 1550 wurde er Doktor der Medizin und scheint von da an bis zu seinem 1570 erfolgten Tode das Amt eines Lehrers der Heilkunde ständig inne gehabt zu haben. Er gehört zu den zahlreichen Schülern Melanchthons, die mit rührender Liebe dem Meister anhingen, und im Jahre 1560 hat er dem teuren Lehrer die Grabrede gehalten[4]. Wieder-

---

[1]) Wieder abgedruckt CR. XI, S. 364: 'De utilitate studiorum eloquentiae'.

[2]) Wieder abgedruckt: CR. XI, S. 251 ff.

[3]) [Vgl. nähere Angaben und Nachweise bei Hartfelder, Melanchthoniana Paedagogica. Leipzig 1892. S. 93 ff. Hier ist auch, S. 96—109, eine von Winshemius selbst verfafste Rede, eine Einführung in das Studium des Euripides, abgedruckt.]

[4]) CR. X, S. 187 ff.

holt hat Oertel Declamationen Melanchthons vorgetragen: 'Praefatio in Homerum' (vielleicht 1538), 'Vituperatio ebrietatis' (1529), 'De studiis adulescentium' (1529?)[1].

Das in der hier erneuerten Rede von Melanchthon behandelte Thema lag ihm, dem Graecisten, sehr am Herzen. In vielen Schriftstücken und Reden hat er ähnliche Gedanken über die griechische Sprache ausgeführt[2]. Bezeichnend für diese Declamatio wie für andere aus den späteren Jahren Melanchthons ist die starke Betonung des Theologischen. Melanchthon folgte damit dem Zuge der Zeit, die im Laufe des 16. Jahrhunderts sich mehr und mehr vom Humanismus ab- und der Theologie zuwandte.

Bibliographie.

Umfangreiche Sammlungen der Declamationes s. LLD. 4, p. XXIX—XXXII[3]; die Hinweise der unten folgenden Bibliographie beziehen sich auf die dort gewählte Zählung.

Bibliographie der Auswahl.

I. 1) In der Sammlung 1, fol. Dd 3b—Dd 6. 2) Wieder abgedruckt in den Sammlungen 3; 4a; 5 (Bd. 1); 6a; CR. XI, S. 98—101.

II. 1) In der Sammlung 2, fol. G 5b—H 4b. 2) Wieder abgedruckt in den Sammlungen 3; 4a; 5 (Bd. 1); 6a; CR. XI, S. 209—214.

III. 1) In der Sammlung 3, S. 848—859. 2) Wieder abgedruckt in den Sammlungen 4a; 5 (Bd. 1); 6a; CR. XI, S. 487—495.

---

[1] CR. XI, S. 397, 168, 181.

[2] Eine Anzahl Aussprüche darüber gesammelt bei Hartfelder, Melanchthon. S. 166 ff.

[3] [Nachzutragen ist jetzt nach Hartfelder, Melanchthoniana Paedagogica, 1892, S. 226: Ph. Melanchthon Mathematicarum disciplinarum, tum etiam astrologiae encomia . . . Strafsburg, Mylius 1537. 8°; Nachdruck Lyon, Gryphius 1540. 4°.]

IV. 1) In der Sammlung 4d (Exemplare in Göttingen und München), S. 446—466. 2) Wieder abgedruckt in den Sammlungen 5 (Bd. 4); 6a; CR. XI, S. 855—867.

[Lesarten[1].

I: 1, 18 tantam 2, 25 admittebant 3, 4 adferri 3, 16 comparant. — Absätze: 2, 1; 4, 4; 5, 11.

II: 5, 13 De ordine discendi fehlt in der ersten Ausgabe 6, 21 εὐχρηστὸν 6, 27 properent 7, 12 hahent 7, 27 oculis 8, 9 deiunctae 8, 25 ciborum 9, 10 alle späteren Drucke haben conformatus 9, 31 supiriores 11, 18 προοδοῦ 11, 32 indicatis 11, 34 acceditis 12, 3 sententiam. — Absätze: 6, 1; 6, 14; 6, 23; 6, 30; 7, 6; 7, 16; 7, 18; 7, 21; 7, 33; 8, 13; 8, 21; 8, 31; 8, 34; 9, 3; 9, 10; 9, 18; 10, 1; 10, 13; 10, 26; 11, 3; 11, 16; 11, 24; 11, 31; 11, 35; 12, 16.

III: 14, 8 servatum 15, 30 ac nec 15, 31 adiungantur. — Absätze: 13, 16; 14, 16; 14, 26; 19, 32, 33, 34; 22, 18; 23, 1.

IV: 23, 16 iacent 23, 27 eandem 23, 28 qua 24, 16 studio non destitui 27, 26 genere 27, 31 dinina 31, 7 pluſquam 31, 13 ducissimarum 34, 35 aetati 37, 17 in den Nachdrucken statt praesentius: praestantius. — Absätze: 23, 20; 23, 27; 24, 9 f.; 24, 20; 25, 1; 25, 14; 25, 23; 25, 27; 26, 35; 27, 14; 27, 24; 27, 27; 28, 2; 29, 9; 29, 13; 29, 31; 30, 9; 30, 16; 30, 26; 31, 2; 31, 27; 32, 1; 32, 7; 32, 17; 32, 30; 33, 5; 33, 19; 33, 26; 33, 32; 34, 13; 35, 4; 35, 27; 36, 1, 2, 3; 36, 18; 36, 25; 37, 19; 37, 29; 38, 21, 22, 23. — Marginalien: 23, 20 Amicorum fides quomodo probatur 24, 12 Litterarum consolatio 24, 21 In humanis rebus nihil firmi 25, 18 Graeca lingua necessaria ad veram doctrinam consequendam 25, 23 Graeca lingua theologo necessaria 27, 1 Linguarum cognitio instrumentum est propagandi evangelii 27, 27 Novum testamentum Graeco sermone scriptum 28, 24 Graeci interpretes et doctores scilicet scripturae 29, 19 Linguae etiam peregrinae et barbarae a multis discuntur 29, 31 Evangelii doctrina Graecis litteris primum conscripta 30, 19 Graecae linguae suavitas 31, 17 Deus promptissimus ad dandum 32, 23 Philosophia

---

[1]) [Auch hier sind die gegen den sonstigen Brauch der LLD. unberücksichtigt gebliebenen Absätze der Originaldrucke angemerkt. — Für eine Kollation der Nr. I mit dem ersten Druck sind wir Herrn Dr. P. Joachimsohn in München, für die Herleihung ihrer Exemplare der Sammlungen 2 und 4d der Kgl. Bibliothek in Erfurt und der Universitätsbibliothek Göttingen zu bestem Dank verpflichtet.]

Graecis litteris mandata 32, 30 Historiae Graeco sermone conscriptae 33, 19 Iureconsulti Graeca lingua non possunt carere 33, 26 Mathematico Graeca lingua necessaria 33, 32 In medico Graecarum litterarum cognitio requiritur 34, 15 Ciceronis dictum de Graecis 34, 18 Galenus male conversus 35, 6 Evangelii purior doctrina unde 36, 16 Sermo quomodo a Platone appellatus 36, 14 Mahometi oratio in Alcorano 36, 19 Sermonis vitium comitantur mores vitiosi 36, 25 Oratio hominis propria 36, 35 Rerum bonarum conditio et fortuna 37, 19 Lutherus hortator ad linguarum studium 37, 29 Neglectus linguarum parit tenebras.]

Anmerkungen.

1, 5. Aus Ennius Annalen, erhalten bei Augustin, De civ. d. II, 21 und Vulcat. Gallican. Avidii Cassii 5. Vgl. L. Müller, Q. Enni carmin. reliqu. (Petrop. 1885) p. 50. **1, 8 ff.** Nach diesen Worten könnte man die Rede in die Tage des großen Bauernkrieges von 1525 verlegen. **1, 18.** Anticyra, eine Stadt in Phokis, in deren Umgebung viel Nießwurz wuchs, welches die Alten für ein Mittel gegen die Dummheit hielten. **2, 13 ff.** Bekanntlich hatte schon das ausgehende Mittelalter die Klasseneinteilung in den Trivialschulen und zwar drei Abteilungen für kleinere Schulen, was auch Melanchthon in der 'Visitationsordnung' empfahl, oder acht Klassen, wie manche Schulen der Hieronymianer. Vgl. H. M. S. 420 ff. E. E. Fabian, M. Petrus Plateanus (Zwickauer Programm 1878) S. 12 f. und Veil, Festschrift des protest. Gymnasiums in Straßburg (1888) S. 24. **3, 2.** sacra = Theologie. **4, 30 f.** Epigr. VII, 73, 6. In Friedländers Ausgabe wird Maxime als Vokativ eines Namens gefaßt.

6, 1 f. Als Promotor der Magistranden spricht er im Namen der Universität. **6, 3 f.** Das Kollegium der artistischen Fakultät, das bei dem Promotionsakte anwesend war. **6, 20 ff.** Oecon. VIII, 3. **8, 23.** Monetarius ist Thomas Münzer, der bekannte Wiedertäufer, der im Bauernkrieg 1525 ein schreckliches Ende fand. **10, 14 f.** De Republ. IV, 424. C. **10, 33 ff.** Auf besonderen Wunsch des Kurfürsten war in Wittenberg eine Vorlesung über Plinius eingerichtet worden. Vgl. CR. I, 127, 202, 207, 397, 580, 581. **11, 7 ff.** Diese Bemerkung hängt mit dem astrologischen Aberglauben Melanchthons zusammen. Vgl. darüber Hartfelder im Historischen Taschenbuch.

6. Folge. Jhrg. VIII (1889), S. 231 ff. **11, 35 f.** Lucian, Hermot. 3. Horaz, Epist. I, 2, 40.

12, 18. Gemeint ist wohl 2. Kor. 5, 4. **13, 2 f.** Matth. 8, 20. **13, 8.** Heinrich VIII. von England (1509—1547). **13, 14 f.** Wittenberg. **13, 24.** Bischof von Canterbury. — Latimer, episcopus Wigorniensis, starb 1555 unter Maria der Blutigen den Märtyrertod für den evangelischen Glauben. Vgl. über seine Beziehungen zu Alesius: Becmans Notitia p. 84. **13, 35.** Johann Friedrich von Sachsen (1532—1547). **14, 3.** Joachim II. von Brandenburg (1535—1571). **14, 10 ff.** Matth. 25, 40. **14, 29.** Die besten Missionare im südlichen und westlichen Deutschland, die sog. Schottenmönche, zu denen freilich der Angelsachse Bonifacius nicht gehört. **15, 10 ff.** Das haben z. B. die sog. 'Reformatoren vor der Reformation' gethan, über die u. a. Ullmann (Hamburg 1842) geschrieben hat. Weitere litt. Nachweise bei J. H. Kurtz, Lehrbuch der Kirchengeschichte (Leipzig 1890) I, § 121. **16, 10 ff.** 2. Kön. 6, 1—7. **16, 22 ff.** Nach dieser biblischen Chronologie hat Melanchthon die von ihm bearbeitete Weltchronik des Carion eingerichtet. Vgl. H. Brettschneider, Melanchthon als Historiker (Insterburger Progr. 1880) S. 15 ff. H. M. S. 302. **17, 26.** Simon II., Sohn und Nachfolger des Hohenpriesters Onias II.: Sirach 50, 1—26. **18, 9 f.** Gemeint ist wohl die von Irenaeus herrührende Stelle bei Eusebius, Kirchengeschichte V, 20, 4—7. **18, 24.** Pantaenus († 202), zuerst stoischer Philosoph, Lehrer an der Katechetenschule. Die sehr ausgedehnte Litteratur über ihn und seinen Schüler und Nachfolger Flavius Clemens Alexandrinus bei J. H. Kurtz, Lehrbuch der Kirchengesch. (Leipzig 1890) I, 109). **18, 28 ff.** Die sog. Dom- und Stiftsschulen. Vgl. über sie besonders F. A. Specht, Geschichte des Unterrichtswesens in Deutschland (Stuttgart 1885) S. 172 ff. **20, 26 ff.** Matth. 24, 1 ff. **21, 27 ff.** Melanchthon denkt etwa an Dan. cap. 7 und 1. Tim. 4, 1 ff. **22, 16 f.** 1. Joh. 3, 8.

23, 15 f. Die Nachwirkungen des Schmalkaldischen Krieges. **24, 3.** Στοργή wird sonst nicht von den Lateinern gebraucht. [**24, 9.** Euripides, Alcestis 339.] **24, 33.** Die Form ist nicht genau. Ἀλκυονίδες sind die 14 Tage, während deren der Eisvogel sein Nest baut; zu dieser Zeit ist angeblich das Meer ohne Stürme. Also 'Zeit gröfster Ruhe'. **26, 11.** Dieser Ausspruch kam nicht bei der Taufe, sondern bei der Verklärung vor: Matth. 17, 5. **26, 12 ff.** Joh. 8, 25 ff. **26, 29 f.** Jes. 8, 20. **27, 5 ff.** Apostelgesch. 2, 1—13. **27, 16 f.** Röm. 10, 17. **30, 23 f.** Herod. 7, 39, a. [**31, 34.** penu seltene

Nebenform für penus oder penum: Nahrung.] **34, 2.** Avicenna
(geb. 980 zu Afsenna in Bokhara) ausgezeichneter muhameda-
nischer Philosoph und Übersetzer des Aristoteles. Sein medizi-
nischer Kanon diente Jahrhunderte lang als Grundlage des
Unterrichts. Melanchthon hat eine eigene Declamatio 'De vita
Avicennae' geschrieben (CR. XI, 826). Auch dem Galenus gilt
eine Declamatio Melanchthons. Vgl. CR. XI, 495. **34, 15 ff.**
Cicero, De fin. 2, 21, 68. **36, 1 f.** Horaz, Ars poet. 323 f.
36, 18. Ovid, Heroid. 15, 83. **37, 10 ff.** Zu Sprachstudien hat
Luther u. a. in seiner Schrift 'An die Ratsherren deutscher
Städte' aufgefordert. **37, 22.** 'senex' ist hier natürlich eine
Übertreibung. Luther lernte hauptsächlich bei Melanchthon
seit 1518 Griechisch; er stand damals in der Mitte der dreißiger
Jahre. [**38, 27.** Lib. Prov. 27, 11, aber nicht im Wortlaut
der Vulgata.]

Heidelberg.

Karl Hartfelder.

I.

De gradibus
oratio Philippi Melanchthonis.

Notus est Ennii versiculus de veteribus moribus
5 conservandis:

Moribus antiquis res stat Romana virisque.

Idem profecto in re litteraria praestiterit servari in
faciendis gradibus discentium, qui non mediocri prudentia a maioribus instituti nunc errore quodam hominum,
10 qui videntur conspirasse ad abolendos semel omnes
veteres mores delendamque universam civilem disciplinam, antiquantur. Neque ego nunc sugge-
stum conscendi digladiaturus cum eo genere; tantum
adulescentes commonefacere decrevi, quo consilio et
15 olim gradus instituti sint et quantum ad communia
studia litterarum momenti adferret illorum conser-
vatio. Est autem ad eam causam opus mihi aequitate
vestra, auditores; plerosque enim tantum fastidium
cepit istius moris, ut tantum non totam Anticyram
20 putent destinandam esse his, qui titulos istos graduum
decerni sibi postulant. Ab his pro meo iure peto,
ne nos ex hac schola exsibilent, ne explodant, priusquam orationem nostram cognoverint. Nam pronuntiare,
cum nondum cognoveris causam, id vero est iniusti
25 et barbari iudicis. Et ego me sanis omnibus satis-
facturum esse in hoc negotio recipio.

Est quaedam in puerilibus ingeniis infantia et imbe-
cillitas, quae non sufficit pluribus artibus simul discendis,
sed sensim per gradus quosdam ad graviores artes
traducendi sunt pueri, dum ad fastigium artium pervene-
5 rint, hoc est dum paraverint sibi scientiam non stulte de
rebus humanis iudicandi et mediocrem quandam sermonis copiam ad docendos alios demonstrandamque
vim naturamque virtutis. Et quemadmodum non
statim cibis durioribus ora infantium satis firma sunt,
10 sed lacte diu aluntur, postea praemanso cibo, donec
grandescant, ita pinguissima quaeque facillimaque
deliguntur, quae infirmae primum aetati tradantur,
deinde ordine disciplinae reliquae. Itaque prudentes
viri in scholis descripserunt classes quasdam puerorum,
15 ut secundum ingenii vires alii aliis disciplinis adhibe-
rentur et in sua quisque classe tanquam intra saepta
detineretur, ne imparatus et tanquam sus in rosas
inrueret ad obscuriores artes.

In hunc modum gradus quidam facti sunt adule-
20 scentium, ut primum grammatica dialecticaque trade-
rentur, quae primae artes planissimaeque sunt. Vbi
videbantur has perdidicisse, non temere ipsi ad physicen
aut alias artes inrumpebant, sed praeceptores ex-
plorabant vires adulescentium; qui si probarentur,
25 admittebantur ad reliquas disciplinas. Nuper adhuc
hoc servabatur in scholis, ne quis attingeret physicen
aut mathemata nisi antea in grammaticis et dialecticis
diu multumque versatus. Postea praeceptorum iudicio
tradebatur ulterius, et primus ille gradus a lauri
30 bacca nomen habuit. Erant enim honesto titulo pueri
ornandi. Postea physicen, mathemata, ethica per-
cipiebant, nec salutabantur haec a limine tantum: diu
immorabatur iuventus, dum penitus cognosceret, dum
longo usu iudicium confirmaretur. In his tanquam
35 praeludiis graviorum disciplinarum cum iam satis

viderentur exercitati, praeceptores permittebant, ut
sacra aut medicinam aut ius publicum attingerent,
ad quas disciplinas usum puerilium litterarum magnum
et acerrimum iudicium volebant adferre. Itaque prius
5 explorabantur hic etiam vires adulescentium; magisterium
fecerunt classi titulum.

Profecto plurimum refert, quomodo instruantur
praeparenturque ad severiores disciplinas adulescentes.
Non sunt longe petenda exempla, nostri saeculi morem
10 videamus. Statim ubi in publicam scholam missi
fuerint adulescentes, putant sordidi ingenii esse diu
haerere in grammaticis aut similibus nugis, properant
alii ad sacra, nulla linguarum, nulla dicendi scientia
antea parta, nulla humaniorum ac civilium morum
15 cognitione, discunt inepte rixari de sacris rebus nec
ad vitae usum comparantur. Volo ego quidem omnium
aetatum, omnium vitae partium esse religionis studium;
sed ea proponantur pueris, quae adsequi possint, quae
pietatem alant, quae mores forment, non unde petant
20 rixandi materiam. Quid de aliis professionibus dicam?
In iure discendo videas versari, qui nullum prorsus
usum aliarum litterarum habent, cum tamen illud ipsum
ius ex philosophorum ac rhetorum litteris tanquam ex
fonte ortum sit. Iatricae vero manus admovere, nisi
25 physicen didiceris, est sine pennis volare. Nam clinica
illa medicina tota ex ea philosophiae parte nata est,
quae elementorum cognitionem, motus varietatem, corporum naturam tradit. Porro dum hoc modo non per-
politi puerili doctrina inruunt ad severiores artes,
30 infirmo iudicio litterae omnes artesque foede conspur-
cantur. Et quia ex litteris rerum publicarum status
comparantur, fit, cum parum sani pro contionibus et
in iudiciis regnum gerant, ut varie quassentur res
publicae. Profecto satius erat nullas litteras attingere
35 quam hoc modo tractare. Diu erant pueri grammaticis,

dialecticis ac rhetoricis adligandi. Multum temporis
postea conlocandum erat in mathemata et reliquam
philosophiam. Vbi maturuisset iudicium, tum erant
adhibendi ad eas artes, quibus res publicae gubernantur.
5 Graeci agricolae cum viderent maturescere segetes
certo tantum temporis spatio, non colonorum opere
aut soli natura, dixerunt: 'Annus producit, non ager.'
Cumque animadvertissent saepe immaturas segetes
demeti magno damno et fructum laboris superioris
10 perire, proventum universum soli tempori tribuere et
patienter exspectari voluerunt iustum messis tempus.
Ita mihi in singulis partibus litterarum temporis
habenda ratio videtur, ut et admoveantur ad eas artes
adulescentes, quibus ingenii infirmitas adsequendis par
15 est, et tantisper detineantur in his, donec maturuerit
iudicium, nec messem properent facere ante tempus.
Et quia facile iuvenilibus animis obrepit satietas praesentis studii, ut in eo detineri diu sine magno negotio
non possint, ideo gradibus tanquam caveae includendi
20 videntur, ubi omnibus animi viribus cogantur in unum
aliquod ac certum negotium, quantum satis est, in-
cumbere.

  Est omnino ut de aliis omnibus rebus utiliter
praeceptum: βραδέως σπεύδειν. Ita in studiis non
25 aliud perinde refert, quam ne intempestive properemus.
Nunc fit, ut, cum varias disciplinas pervagentur sine
ordine sineque ratione, nullam penitus cognoscant
nullaque de re prudenter iudicare queant. Et ut
errones nullos certos lares habent, nusquam domi
30 sunt et, ut inquit Martialis, 'quisquis ubique habitat,
maxime nusquam habitat', ita illi, cum tamen omnibus disciplinis sint hospites, nullam habent familiariter
notam. Neque enim fieri potest, quemadmodum
reliquit scriptum Xenophon, ut qui multa simul
35 facit omnia rite faciat, nec sufficit animus iuvenilis

variis ac diversis studiis. Hoc in consilio fuit auc-
toribus graduum in scholis. Neque ego nunc quem-
quam esse puto tam impudentem, qui hanc rationem
damnare ausit. Quid enim in studiis conducibilius
5 est ordine? Hunc classibus gradibusque factis conser-
vare conabantur. Vos etiam adulescentes adhortor, ut,
quanta fide potest fieri ac religione, detis operam, ut
in discendo iusto quodam ordine utamini. Nam hac
confusanea discendi ratione, nisi deus aliquis opem
10 tulerit accisis rebus, vereor, ne res humanae funditus
evertantur. Dixi.

II.

(De ordine discendi.)

Oratio Casparis Crucigeri habita
in promotione magistrorum.

Cum ex hoc loco saepe dictum sit de universa
philosophia deque harum artium omnium dignitate,
quae in scholis ideo traduntur, quia ad bene beateque
vivendum iudicantur esse necessariae, ego pro ingenii
20 mei mediocritate omissis illis praeconiis superiorum
disciplinarum, quas arbitror propter manifestam utilitatem commendatissimas esse omnibus, pauca quaedam
dicere institui de hoc genere disciplinarum, quod nos
profitemur et quo prima aetas ad percipiendas maiores
25 artes praeparatur. Quamquam enim et harum utilitates
cottidie vobis in scholis decantant praeceptores, tamen
hic aliquid de ea re dicendum est, ut publico mori

serviamus. Et quia a me publico nomine habetur
oratio, tantum ei tribuetis auctoritatis, adulescentes,
quantum existimatis esse in hoc collegio virorum
optimorum et doctissimorum, praeceptorum vestrorum,
5 qui mihi hanc personam imposuerunt. Nam horum
omnium sententia mea voce ad vos perfertur, qui
cum vobis optime consultum velint, non desinunt vos
hoc in loco adhortari ad haec studia colenda, quae tum
vobis privatim honesta atque utilia, tum rei publicae
10 retinendae necessaria esse iudicant. Si quis autem
huius ordinis auctoritatem aspernatur et iudicia contemnit hominum, non solum peritorum, sed etiam toti
rei publicae optime cupientium in hoc iure desideranda
erit humanitas. Duxi autem vos adhortandos esse,
15 ne studia inferiorum artium neglegatis, quae etsi ad
populum parum habent ostentationis, tamen ad cogno-
scendas superiores artes, quae continent administrationem
rei publicae, viam sternunt. Itaque etiam de ordine
discendi pauca addemus, qui in omnibus rebus valet
20 plurimum, ut suavissime dixit Xenophon: ʻΟὐδὲν
οὕτως οὔτε εὔχρηστον οὔτε καλὸν ἀνθρώποις ὡς
ἡ τάξις.ʻ

Et ut inde sumam initium, societatem quandam
artium inter se esse scitis. Quare etiamsi quaedam
25 in vita excellere atque eminere videntur, tamen
aliarum ope indigent. Quare imprudenter faciunt, qui
dum ambitione aut spe quaestus incitati properant
ad illas superiores, quarum fructus versantur ob oculos
etiam imperitis, reliquas disciplinas neglegunt et
30 contemnunt quasi ad vitam inutiles. Ac mihi cogi-
tanti interdum videtur huius societatis quaedam in
ipsis elementis litterarum similitudo esse, ubi etsi
dignitate praestant vocales, tamen sine consonantibus
sermo nequit exsistere. Et quoniam ex litteris omnes
35 artes procreantur, vestigia quaedam in ipsis elementis

animadvertere possumus, ut in seminibus, artium dissimilitudinis. Longe antecellunt omnibus vocales, quae per se vitam et spiritum habent, quia perfectum sonum edunt non adiutae ab aliis. Reliquae quasi
5 tibiae ab his inflatae sonum accipiunt.

Significant igitur vocales principem omnium artium, doctrinam religionis, quae longe supra alias artes conlocata gubernat omnia vitae consilia, negotia et studia. Nec vero civilis disciplina sine religione
10 retineri potest; et iuris scientia plurimum a doctrina religionis mutuatur. Ideo sicut semivocales, etsi habent obscuram quandam vocem, tamen suum munus tueri non possunt sine vocalibus, ita in disciplina politica religio civilibus institutis vocem addit, tuetur
15 auctoritate sua ius humanum et emendat, cum opus est. Mutae litterae quasi privatam vitam significant, quae vere muta est, hoc est agrestis et fera, sine religione et civili consuetudine. Vt igitur sermo ex dissimilibus · litteris contexitur, ita diversa genera
20 artium atque actionum in vita necessaria sunt.

Quamquam autem iamdudum vereor, ut viri docti in hoc consessu has ineptias aequo animo ferant, tamen, quoniam habetur oratio ad iuventutem, spero eos boni consulturos esse hunc ludum, in quo et
25 societatem et gradus artium pingere voluimus. Et visum est in ipsis elementis litterarum pingere, ut, quoniam haec cottidie ob oculos versantur, saepe veniant ista in mentem scholasticis, quorum cogitatione nobis quidem videtur acui et formari iudicium de
30 utilitate artium. Et ego, in hac schola professor grammaticus, libenter sumpsi orationem ex hoc artificio, quod exerceo.

Cogitate autem, adulescentes, quid futurum sit, si quis consonantibus omissis tantum vocalibus uti
35 velit in loquendo: is profecto cum tota rerum natura

pugnabit. Ideo enim litterae vocantur elementa, quod, sicut in natura necessaria sunt elementa, ex quibus corpora constant, ita litterae necessariae sunt ad sermonem componendum. Quare sicut illa divina series
5 in universitate rerum perturbaretur exempto uno elemento, ita abiectis consonantibus nulla articulata vox exsistere posset. Itaque sicut dissimilium litterarum naturalis inter se societas est, ita dissimiles artes inter se copulatae atque devinctae sunt. At hunc
10 chorum artium perturbant isti, qui sentiunt inferiores disciplinas ad vitam inutiles esse, quia earum fructus imperitis non ita in conspectu est.

Si quis admirator caeli ac stellarum (quid enim his corporibus pulchrius cogitari potest?) velit aquam
15 ex rerum natura tolli, quod impar sit stellarum claritati, nonne hunc insanire diceremus? Si quis propter admirationem doctrinae religionis iubeat e vita tollere omnia iura atque instituta civitatum, omnia vincula domesticae vitae, nonne hunc omnes sani
20 homines vi atque armis coercendum esse iudicarent? Et vidimus his annis quosdam ἀνοσίως θεολογοῦντας dementatos huiusmodi fanaticis opinionibus erroris sui poenas dare. Meministis enim Monetarium et anabaptistas et hoc genus alia portenta. Ad hunc
25 modum iudicate insanire eos, qui chorum et concentum artium perturbant neglectis et contemptis inferioribus artibus. Quare sicut de litterarum elementis cogitantes totum ἄλφα καὶ βῆτα necessarium esse ad sermonem ducitis, ita disciplinas omnes, quae in
30 scholis traduntur, existimabitis ad vitam esse necessarias. Nam is demum recte sentiet de artibus, qui cum gradus earum animadverterit, intelleget singulas certae utilitatis causa repertas esse.

Haec dixi ad commonefaciendos adulescentes, quorum
35 multos videmus magno non tantum suo, sed rei

publicae incommodo intempestive properare ad superiores
disciplinas. Nam studia vestra non tantum ad vos,
sed ad rem publicam pertinent. Et hunc finem studiorum vestrorum vobis proponere debeatis, ut ea ad
5 dandum consilium rei publicae et ad docendas ecclesias
et retinendam doctrinam religionis conferenda esse
statueritis, quorum nihil praestare poteritis sine perfecta doctrina. At perfecta doctrina nulli continget
sine disciplinis inferioribus.

10 Cum hac cogitatione animus confirmatus est,
proxima de ordine discendi deliberatio esse debet.
Neque ego hoc loco dicam, quanta sit vis ordinis in
genere, quae res et nota est et latius patet, quam
ut hic explicari possit. Si agricola prius serere velit,
15 postea arare aut si velit sub canicula sementem facere,
sub bruma arare, labor atque impensa perierit. Ita
si in percipiendis disciplinis non servetur iustus ordo,
profectus omnis desperandus erit. Bonum malum
fit, aiunt, non datum in tempore; proinde etiam opti-
20 marum et maximarum rerum studia nocent, si non
apto tempore suscipiantur. Quare maiores nostri, ut
ordinem discendi constituerent, certos gradus quasi
classes excogitaverunt, per quos ordine ab inferioribus
artibus traduceretur iuventus ad superiores. Nunc
25 quasi perfractis illis repagulis nullo ordine res geritur.
Subito sicut fungi nascuntur nobis theologi, iuris consulti et medici sine grammatica, sine dialectica, sine
ratione dicendi, sine incunabulis philosophiae naturalis
ac moralis. Quorum cognitio non solum quia per-
30 liberalis est, olim tradebatur communiter omnibus,
priusquam admitterentur ad superiores disciplinas,
sed etiam quia iudicium acuit et praeparat ad res
maiores percipiendas. Modo autem satis est adferre
ad illas disciplinas gravissimas magnum pileum et
35 insignem contemptum omnis doctrinae humanioris.

Hanc temeritatem nisi leges ac magistratus coercebunt,
brevi nullae erunt in re publica litterae, nulla doctrina
ullius rei.   Nam isti theologi, iuris consulti ac medici
subito nascentes, nulla praediti liberali doctrina non
5 solum alias artes interire sinent, sed nec suas pro-
fessiones tueri poterunt.   Nec nihil pertinet haec cura
conservandarum litterarum ad magistratus; ideo enim
appellantur dii a Spiritu sancto, ut divina dona in
terris, religionem, civilem statum et omnes honestas
10 artes, tueantur ac retineant.   Propter hanc procurationem
divinarum rerum gerunt augustum titulum, quo nullum
habet magistratus ornamentum maius aut venerabilius.
Quare convenit eos prospicere, ne perturbato discendi
ordine honestae disciplinae intercidant.   Plato inquit
15 res publicas mutari, si contingat musicam mutari.
Neque id ab re dictum est.   Sed hoc multo verius
est mutatione studiorum mutari res publicas.   Omnes
autem mutationes rerum publicarum ad magistratuum
curam pertinent.   Et perversa ratio discendi maxi-
20 marum atque optimarum rerum ruinam trahit.   In
primis igitur in hac re vigilantes esse magistratus
oportet; neque dubito, quin olim de his rebus novas
leges condituri sint, cum praesentes turbae atque motus
rerum publicarum consilescent.   Quibus utinam con-
25 tingat Dei beneficio facilis et mollis $\varkappa\alpha\tau\alpha\sigma\tau\rho\varphi\acute\eta$!
  Interim tamen, quantum nos auctoritate, studio ac
diligentia consequi possumus, dabimus operam, ut
ordine discat iuventus.   Sed hoc magna ex parte in
vobis quoque positum est; nos enim et diligenter hac
30 de re adhortamur vos et lectiones optimas in omnibus
disciplinis proponimus.   Summa fide traduntur artes,
quae continent rationem dicendi; elementa philosophiae
et mathematum planissime proponuntur.   In qua schola
secundus liber Plinii tam perspicue enarratus est,
35 ut hic enarratur?   Reliquum igitur est, ne vobis

ipsi deesse velitis, sed praesentibus commodis
fruamini.

Quod quidem ut faciatis, adducere vos debet cum
ipsa cognitionis suavitas tum etiam utilitas. Nam
5 incredibilem voluptatem parit eloquentia; mire delectat
homines historia rerum gestarum, quae et ipsa traditur,
cum dicendi exempla proponuntur. Et nihil dulcius
quam intueri animo eas res, quae in philosophia
nobis traduntur de magnitudine caelestium corporum
10 ac terrae, de variis motibus siderum, quomodo lumina
caelestia varie mixta inter se ac temperata diversos
effectus pariunt in hac inferiori natura, sicut aliter
atque aliter mixtae voces diversas cantiones efficiunt.
Iuvat etiam videre causas officiorum civilium in natura
15 divinitus scriptas et mirabili prudentia a doctis
hominibus animadversas. Iam utilitas maxime per-
cipitur ex his studiis; sunt enim, ut Graeci dicunt,
πρὸ ὁδοῦ in superioribus artibus, quae certe dicendi
scientiam requirunt. Quid enim promoverit aliquis,
20 si sermonis genus non queat iudicare? Et multa
ubique sumuntur ex philosophia naturali ac morali;
quorum qui non vident fontes, turpiter interdum
alucinantur.

Et quoniam rei publicae interest bonas artes con-
25 servare, omnes sentiatis hoc a vobis rem publicam
petere, ut detis operam, ne vestra neglegentia artes
intercidant. Cum autem maiora beneficia omnes a
re publica quam a privatis ullis, sive parentibus,
sive amicis, accipiamus, aequum est nos vicissim hanc
30 illi gratiam reddere et nostro labore artes retinere
ac defendere. Quare vos adhortor, adulescentes, ut
ita inducatis animum prius vobis cognoscenda esse
elementa philosophiae, quam ad superiores disciplinas
accedatis et in ea diligenter conlocetis studium atque
35 operam. Ἀρχὴ, inquiunt, ἥμισυ παντός: dimidium

facti qui bene coepit habet. Faciliora igitur omnia
erunt istis in aliis disciplinis, qui recte coeperunt,
qui ad alias adferunt earum artium scientiam, sine
quibus illae neque percipi neque tractari neque in-
5 tellegi possunt.

Et hanc orationem existimate me publica auctoritate habuisse; quam si quis contemnit, is sciat Deum
ultorem huius contumeliae fore. Ac res publica
ornavit etiam privilegiis haec nostra studia et honori-
10 bus, quos nunc his iuvenibus libenter decernemus,
quia singularem laudem hoc tempore in tanta per-
versitate iudiciorum merentur isti, qui haec communia
philosophiae studia attigerunt.

III.

De restituendis scholis

oratio habita ab Alexandro Alesio in celebri
academia Francofordiana ad Oderam,

Vt Paulus inquit: 'Incertis vagamur sedibus', ita ecclesia vera Christi exsulat in hoc mundo, nusquam
20 certam ac durabilem sedem habet: diabolus enim
odio filii Dei incendit ubique impios ad eam pellen-
dam et dissipandam. Ita summos illos heroas,
Abraham, Jacob, Mosem, hostes fugere, quaerere alia
hospitia legitis. Davidem et Eliam vix remotae
25 solitudines et specus in saxis adversus tyrannos
texerunt. Apostoli toto orbe terrarum vagantur.

Ipse etiam filius Dei veniens in hunc mundum ex caelesti patria exsulare se fatetur, cum ait: 'Filius hominis non habet, ubi caput reclinet.' Quare etiamsi de exsulibus graviter suspicari homines solent, tamen
5 Christianos communem ecclesiae fortunam cogitare decet nec exsilium inter probra ducere, si causa sit honesta. Fateor me iam annos octo abesse a patria vere divina ope crudelitati cuiusdam saevissimi tyranni ereptum, qui me, cum quaedam errata doctrinae
10 ecclesiasticae manifesta taxassem, iam vinctum adservabat et diram necem mihi minabatur. Etsi autem postea multis periculis conflictatus sum, tamen res ipsa ostendit Deum vere mihi adfuisse ducem in illis longis peregrinationibus meque clementer servasse,
15 ut spero, ad aliquam ecclesiae utilitatem.

Primum ex patria discedens veni in academiam Saxonicam eo tempore, quo omnes articuli doctrinae diligentissime disputabantur, ubi consuetudine eruditorum excitatus multo maiore cura conferre dogmata
20 coepi. Postea Britanniam adii, ubi et docui aliquamdiu in academia et rursus cum iis, qui excellunt eruditione, de doctrina Christiana conlocutus sum accurate. Estque perspecta mea mens in ea insula praestantibus viris, episcopo Cantuariensi, Latimero et aliis. Cumque
25 iam defessus tot peregrinationibus quasi in portum venissem manereque ibi decrevissem, ecce rursus prodeunt atrocissima edicta contra doctrinam evangelii. Itaque cum aut subeunda esset impiorum crudelitas aut cedendum, secutus sum consilium multorum bonorum
30 virorum, qui et mihi et aliis piis, qui palam dissentiebant ab illis decretis sanguine scriptis, hortatores erant, ut discederemus. Redii igitur in Germaniam ad eas ecclesias, cum quibus sentire me profiteor, quae mihi hospitium hoc semestri pergratum praebuerunt.
35 Cumque eximia liberalitate ducis Saxoniae adiutus

sum. tum hoc accessit, quod iterum de doctrina licuit
cum hominibus piis et peritis conferre. Deinde mihi
inlustrissimus princeps marchio elector locum in academia vestra clementer tribuit ac munus commendavit
5 re ipsa amplissimum, videlicet doctrinae ecclesiasticae
explicationem. Haec eo commemoravi, ut sicut me
ipsum series mearum aerumnarum et exitus movent,
ut divinitus me servatum esse ad aliquam ecclesiae utilitatem existimem, ita et vos bene et
10 amanter de hospite sentiatis nec me propter exsilium
aspernemini.

Laudatur vetus Germania propter singularem fidem et humanitatem, qua excipere et tegere hospites
solita est. Et vos arbitror adhuc retinere plurimum priscae
15 et antiquae virtutis, ad quam accedere etiam pietas
debet. Praecipue autem hoc officium Christus flagitat,
ut eos, qui vagantur vel docendi vel discendi evangelii
causa, ceteri amanter complectantur, ac promittit mercedem inquiens: 'Amen dico vobis, si quis dederit
20 vel aquae potum alicui ex minimis propter doctrinam,
mercedem accipiet.' Quare et vobis spero Deum
benefacturum esse, si nos complexi fueritis, qui,
qualescunque sumus, tamen ex illo coetu sumus, de
quo Christus loquitur; evangelium enim circumferi-
25 mus, etsi fateor me vere esse omnium qui docent
minimum. Sed cum ordinis ac functionis dignitatem
Christus magni faciat, erit vestrae pietatis me non grava-
tim audire. Maiores vestri reverenter exceperunt multos
ex insula Scotorum egressos, Gallum, Bonifacium et
30 alios, qui in Germaniam intulerunt evangelium: horum
vos honesta exempla imitari decet, praesertim cum
his miserrimis temporibus doctrinam Christianam
ubique terrarum horribili amentia pontifices ac
reges delere conentur. In tanto publico periculo
35 credite vos Deo gratissimum officium facere, quod

evangelii doctores benigne excipitis, tuemini et
auditis.

Haec de me ipso praefatus sum, nunc in genere
de scholis et de professione mea dicam. Nam si
5 quis cogitabit, quantum referat hoc praesertim tempore
restitui emendatas scholas, hunc mihi quoque et
ceteris mei ordinis hominibus aequiorem fore spero.
Nemo tam est impudens ac sine fronte, qui negare
ausit multos non dissimulandos errores a pontificibus
10 et monachis in ecclesiam invectos esse. Quam multi
boni et docti viri ante aliquot saecula deploraverunt
missarum nundinationem, idolomaniam in invocatione
sanctorum! Reprehendunt ipsi veteres Ambrosius et
Augustinus errores satisfactionum et renovant doctri-
15 nam de paenitentia et de fide. Quam multi deploraverunt libidines sacrificulorum! Episcopi quid agunt
dignum suo munere? Haec cum iam iterum reprehendi
Deus voluerit atque instaurare ecclesiam, ne prorsus
omnes homines pereant, videtis, quantum certamen
20 exortum sit: Epicurei pontifices et monachi ventri
metuentes adeo fremunt se reprehendi, ut deleri nomen
Christi et universam doctrinam evangelii et omnes
ecclesias in vastitatem redigi cupiant. Res ipsa loquitur eos sic adfectos. Pergunt enim defendere suos
25 errores, moliri bella civilia, cumulant flagitia, neglegunt
ecclesias et scholas. Tali tempore necesse est bonos
et pios principes providere, ne funditus intereat religio
Christiana: quare ut ecclesias restituere, ita et scholas
instaurare debent; nunquam enim vera ecclesia sine
30 scholis aliquibus fuit, ac ne potest quidem diu con-
servari doctrina, nisi scholastici coetus adiungentur
ad ecclesias.

Haud dubie primis patribus Adae, Noae, Sem ideo
propagata est vita tot saeculis, ut auditores haberent
35 testes ἀξιοπίστους de prima origine generis humani

deque initio doctrinae. Postea familiae Abrahae,
Isaac, Iacob prorsus scholae fuerunt. Deinde cum
lex Mosi data est, iam clarum mandatum de scholis
additum est. Constitutum est enim, ut ad taber-
5 naculum semper essent coetus docentium et discentium.
Ita Samuel traditus est in disciplinam illi collegio,
perinde ac si esset in academiam bene constitutam
missus. Postea cum neglegerent studia sacerdotes,
Deus excitavit prophetas, qui magnas catervas di-
10 scentium secum traxerunt, ut tantum agmen erat
auditorum Elisaei, ut cum antea in Iericho habitassent,
propter eius loci angustiam quaererent ad Iordanem
aliam sedem. Nec putate otiosos greges monachorum
fuisse, sed illos summos viros audiebant de pro-
15 missionibus disserentes, de regno Christi, de peccato,
de lege, de gratia, de iustitia, de veris cultibus Dei,
de maximis mutationibus orbis terrarum.

Exstant adhuc vetera quaedam dicta, quae ab illis
scholis quasi per manus accepta fuerunt, ut dictum
20 de sex milibus annorum mundi: id habet titulum
domus Eliae, hoc est scholae Eliae. Meministis
enim sententiam: 'Sex milibus annorum durabit mun-
dus, postea destruetur: duo milia inane, duo milia
lex, duo milia Messiae; et si qui anni deerunt,
25 propter peccata nostra deerunt.' Ex huiusmodi dictis
existimari potest in illis sapientissimis sodaliciis fuisse
disputationes de rebus maximis. Ac cogitate, quanta
felicitas fuerit, etsi erant reges impii, etsi erant omnia
plena bellorum ac seditionum: illi coetus ecclesiam
30 regebant, nam ita alii aliis succedebant quasi in acie,
ut aliquo excellenti propheta exstincto Deus mox
alium quasi in id vestigium conlocaret. Cum Elias
docuisset annos circiter viginti, successit Elisaeus,
qui annos circiter septuaginta gubernavit ecclesiam in
35 Israel. Huic successit Ionas, quem arbitrantur fuisse

filium mulieris Sareptanae ab Elia revocatum ex
morte. Deinde abductis decem tribubus successit
Esaias in Iuda, qui docuit annos circiter octoginta et
regnum liberavit ingentibus bellis; nam quilibet pro-
5 pheta habet aliquod insigne πολίτευμα. Post
Esaiam excitatus est Ieremias, qui annos circiter
quadraginta contionatus est. Fuitque eius πολίτευμα
in speciem triste, sed omnium maxime salutare eo
tempore: fuit enim hortator faciendae deditionis atque
10 ita servavit reliquias gentis, cum alii antea depulsis
hostibus patriam servassent. Ideo cum hic novo
exemplo deditionem suaderet, quae videbatur turpis
et exitiosa, valde contemptus est a pontificibus. Sed
Deus non humanis consiliis, sed suo gubernat ecclesiam,
15 castigat et castigatam mirandis modis restituit.

Quid in exilio Babylonico? An tunc defuerunt
scholae? Immo cum Iudaici reges non aluissent
doctores, iam alunt Babylonici. Daniel cum collegis
instituitur doctrina Chaldaeorum, sed vicissim hunc
20 postea reges omnium maximi tanquam discipuli
audiunt: Nabugdonosor, Evilmerodach, Darius, Medus
et Cyrus. Quem virum ex omnibus aetatibus nomi-
nare quisquam potest, qui tantos heroas discipulos
habuerit? Post-Danielem exstiterunt Esdras et Nehe-
25 mias, qui attigerunt Alexandri Macedonis aetatem.
Post Alexandrum celebrat liber Sirach Simonem Oniae
filium, qui doctrinae puritatem conservavit. Deinde
paulo ante Machabaeorum tempora, cum pontifices
certarent inter se ambitione, emerent pontificatum a
30 vicinis regibus, doctrinam neglegerent, conlapsis scholis
magnum vulnus accepit religio. Voluit tamen Deus
superesse aliquas reliquias: Machabaei restituerunt
doctrinam. Post hos crevit impudentia in populo Dei:
repudiatis prophetarum monumentis coeperunt profana
35 ingenia amare Graecam philosophiam; hinc exstiterunt

sectae diversae Pharisaeorum et Sadducaeorum, qui palam Epicureas opiniones professi sunt.

Itaque cum diu horribiles essent tenebrae in populo Dei, rursus excitavit Deus scholas per Ioannem Baptistam, 5 deinde per Christum. Hos habuisse scholasticos coetus historia evangelii non obscure testatur. Postea exempla prophetarum et Ioannis ac Christi imitantur apostoli. Nam hos quoque suas scholas habuisse apparet ex Irenaeo, qui ait Ioannem habuisse assiduos auditores 10 multos et in his Polycarpum. Hunc morem postea servavit et ipse Polycarpus Smyrnae. Fuit autem frequentissimum gymnasium Alexandriae, ex quo multa lumina ecclesiae exorta sunt. Inde mittebantur pastores ad ecclesias vicinarum regionum. Hae scholae con-15 sulebantur de doctrina: ibi enim exstabant testimonia dogmatum ab apostolis accepta, ut certo constaret, quae fuisset apostolica sententia.

Cogitate autem, quam gratum piis, quam utile fuerit ad confirmandas mentes scire veteres apostolo-20 rum sententias, scire, per quos auctores propagata doctrina fuerit. Clemens ait se pervagatum esse totam Asiam et de singulis doctrinae articulis consuluisse eruditos ubique; sed postquam venit Alexandriam, fuisse se contentum iudicio Pantaeni, quem ait eru-25 ditione et pietate eximia praeditum fuisse atque ornatum testimoniis Spiritus sancti seu miraculis. Vt igitur hae scholae ab apostolis inchoatae conservarentur, collegia in ecclesiis episcoporum instituta sunt et donata victu. Sed postquam opes creverunt, in 30 collegiis doctrina exstincta est. Quid enim nunc sunt illa agmina canonicorum nisi sodales Apicii? Quarum rerum studia in illis locis vigeant, non ignoratis, sed de his non dicam hoc tempore.

Ceterum haec tam longa commemoratio de pro-35 pheticis et apostolicis academiis quo pertinuit? Illud

ostendere volebam Deo placere conservationem schola-
rum nec posse florere ecclesias sine scholis, et quidem magna artium ac litterarum varietate opus est.
Nam etiam illi veteres prophetarum auditores etsi
5 praecipue discebant caelestia oracula, tamen alias artes
etiam adiungebant: discebant aliquid de natura rerum,
quaerebant historias, alii musicam, alii medicinam
profitebantur. Ita nunc videtis sine litteris, sine
linguarum cognitione, sine dialectica, sine aliqua liberali
10 eruditione profecto neminem satis idoneum esse ad
explicandas controversias religionis. Ergo in scholis
multarum artium exercitia instituta sunt, quarum
pleraeque etsi multiplicem in vita usum habent, tamen
praecipue conducunt ad ecclesiasticam doctrinam in-
15 lustrandam.

Haec cum ita sint, cum scholae necessariae sint
ecclesiis, ardentissimis votis optare omnes pii debent,
ut Deus exsuscitet principum animos ad restituendas
et ornandas academias, ad excitanda et provehenda
20 litterarum ac bonarum disciplinarum studia. Cumque
ea in re optimam voluntatem princeps marchio ostenderit,
gratulari hanc felicitatem rei publicae debemus ac
precari Deum, ut auspiciis honestissimae atque utilissi-
mae rei faveat. Profecto melius de suis populis et
25 de tota posteritate hac in re meretur, quam si novas
auri aut argenti venas tam largas, quam fuerunt venae
Lydiae, quae Croesi opes tantopere auxerant, reperiret.
Hoc munus praecipue flagitat Deus a principibus.
Ideo enim Deus ad societatem condidit homines, ut
30 alii alios de religione doceant, ut quidam venustissime
scripsit:

> Vtque alios alii de relligione docerent,
>   Contiguas pietas iussit habere domos.

Cum autem principes sint custodes humanae
35 societatis, certe hoc efficere debent, quantum ipsi

possunt, ut Deus recte celebretur. Armentariis satis
est pecudibus pabulum curare; hi, qui hominum
coetus regunt, non tantum custodes sunt vitae corporum, sed legis ac disciplinae: ideo Deus eis impertit
5 societatem sui nominis, ut Dei dona, id est religionem,
iustitiam, disciplinam, pacem inter homines, tanquam
vicarii Dei tueantur.

Oro igitur dominum nostrum Iesum Christum,
filium Dei, ut gubernet et augeat hanc scholam et
10 studia harum gentium exsuscitet ad salutem ecclesiae,
quam filius Dei sic amat, ut eam sanguine suo rede-
merit. Vos etiam, qui hanc urbem et hanc academiam
regitis, obtestor, ut, cum operam scholasticam ecclesiae
necessariam esse intellegatis, me hospitem et ver-
15 santem in difficili munere vestra benevolentia confir-
metis. Sumus nos quidem longe inferiores illis summis
viris, de quibus antea dixi, qui olim ecclesiae studia
rexerunt, Elia, Elisaeo, Esaia, Ieremia, Daniele, Esdra,
sed in munere prorsus eodem versamur. Nec raro
20 ego ipse toto corpore perhorresco cogitans magni-
tudinem oneris, quod sustinemus, et intuens animo
illos veteres duces nostros, quos longo intervallo se-
quimur inertes et ignavi; atque hanc dissimilitudinem
cum reputo, non solum docentium imbecillitatem, sed
25 ecclesiam deploro, quae quasi senectae imbecillitate
omnia membra habet languidiora et tamen postremis
temporibus plurimum periculi habituram esse Christus
praedixit.

Nam quo propius instat dies extremi iudicii, eo
30 diabolus furiosius irascitur Christo iam scilicet formi-
dans sententiam, in qua omnibus creaturis patefiet
turpitudo immensa superbissimi spiritus et cruciatus
ipsius horrendi augebuntur. Itaque odio Christi in-
citat Turcas, pontifices, impios reges, denique omnia
35 sua organa adversus ecclesiam. Eo magis vigilandum

et pugnandum est nobis, ut furor diaboli impediatur:
reges turpissime sinunt grassari Turcas, episcopi
neglegunt ecclesias. Quare pios principes et ceteros
qui praesunt adniti decet, ut, quantum suo quisque
5 loco potest, sarciant illorum neglegentiam, bonos doctores quaerant, constituant ecclesias, curent ad posteros
propagari evangelium. Auditores etiam propter Christum
dominum atque officii dignitatem amanter tractent
fidos evangelii interpretes, inter quos me quoque
10 vobis commendo. Nam et fidem ac diligentiam
praestabo et genus doctrinae pium profiteor. Am-
plector enim vere et ex animo consensum catholicae
ecclesiae Christi, hoc est doctrinam Christi et apostolorum et explicationem traditam in symbolis, apostolico,
15 Niceno et Athanasiano. Et cum inciderint discordiae,
fateor me sentire cum ecclesiis, quarum exstat con-
fessio Augustana, et has iudico tueri perpetuum consensum verae ecclesiae omnium temporum, prophetarum et apostolorum. In his iudico multos articulos
20 doctrinae Christianae recte et pie renovatos et in-
lustratos esse. Cum his iudico etiam vere congruere
scriptores puriores dextre intellectos, Ambrosium,
Augustinum, Hilarium, Basilium, Epiphanium, Nazian-
zenum.

25 Et quamquam odiosum est nomen discordiae, tamen
sentio haec certamina, quae de doctrina mota sunt,
necessaria et divinitus excitata esse, quia Daniel et
Paulus vaticinantur postremis temporibus hos futuros
esse agones piorum adversus impios pontifices in
30 ecclesia defendentes manifestam εἰδωλομανίαν et
exercentes Neronianam saevitiam in membra Christi.
Ac praemonuit nos Spiritus sanctus, ut, cum inciderint
certamina, cogitemus, ubi sit vera ecclesia, non ter-
reamur titulis sceleratorum pontificum nec simus socii
35 et administri impiae tyrannidis. Non igitur novum

doctrinae genus comminiscar: una est perpetua ecclesia,
in qua filius Dei per patres, prophetas et apostolos
veram Dei notitiam tradidit et taxat persuasiones
contumeliosas adversus Deum, quas spargit diabolus
5 odio Dei.   Ad illam veram Christi ecclesiam nunc
quoque belligerantem cum diabolo et dissentientem a
pontificibus, qui idolomaniam defendunt et trucidant
membra Christi, ut omnes pii adiungere se debent,
ita me quoque tota mente et toto pectore adiungo
10 ac precor ex animo filium Dei, dominum nostrum Iesum
Christum, ut ministerium meum gubernet ac per me
sit efficax, ut adfuit patribus, prophetis et apostolis;
ipsius enim laus victoriae, ipsi triumphus debetur,
qui vincit diabolum: nostra infirmitas non est par
15 tantae dimicationi, sed ipse vult piis adesse et con-
culcare caput serpentis, hoc est, ut Ioannes inter-
pretatur, destruere opera diaboli.

Fuit Ecebolus quidam rhetor tempore Constantii;
is ut gratiam aucuparetur principis, baptizatus est
20 et, ut fuit in dicendo vehemens, acriter solitus est
taxare idolomaniam. Postea sub Iuliano cum videret
hunc abhorrere a Christi nomine et restituere idola,
defecit et ipse a Christianis eisque in gratiam impera-
toris rabiose maledixit.   Ita animi sententiam de
25 religione inflexit ad principum voluntates.   Non fuit
autem diuturna tyrannis Iuliani, sed statim successit
Iovianus, bonus et pius princeps; ubi cum videret
multo maiore in odio esse illos, qui ut adsentarentur
Iuliano, defecerant a Christo, quam ceteros ethnicos,
30 rursus ipse sese retexit, redit ad Christianos, abicit
se ad templi fores, iubet se pedibus conculcari, ut
sunt hypocritae tanquam histriones ad has prae-
stigias idonei.   Nec nulli sunt hoc tempore tales
Eceboli, qui alia aliis temporibus et apud alios
35 probant.

Ego igitur simpliciter professus sum, quid sentiam, et opto, ut in hac me sententia confirmet Deus et ut filius Dei gubernet meum ministerium. Certe illud Eceboli nunquam facturus sum: non stringam stilum 5 adversum veram ecclesiam, non deformabo eam calumniis, sed ingenium meum serviet gloriae Dei et domini nostri Iesu Christi. Dixi.

IV.

Oratio de studiis linguae Graecae
a Vito Winshemio dicta.

Recte et ordine fieri iudico, ut hoc in loco atque in his congressibus de iis ipsis studiis et artibus dicatur, in quibus versamur, idque hoc tempore magis etiam necessarium esse videtur. Cum enim studia 15 doctrinae una cum ipsis scholis in hac temporum perturbatione adflicta iaceant et Satanas ecclesiis pariter ac scholis vastationem minetur, constanti et animo firmo praeditos esse oportet, quos in hac statione Deus conlocavit, ne se his tempestatum minis a cursu 20 studiorum suorum deterreri aut abduci patiantur. Vt enim fidem amicorum probare solemus, quos in rebus dubiis atque adversis in officio permansisse cognovimus, illos vero merito vituperamus, qui cum fortuna mutant animos, ita parum digni hi Musarum sacris 25 atque doctrinae studiis videntur, qui, cum adversa fortuna imminet, non eandem praebent animi constantiam. Immo vero eadem illa temporum difficultas, quae vulgi animos frangere ac languefacere solet, nos

exstimulare debet, ut magis pertinaciter magisque
cupide cum pietatis doctrinam tum vero studia nostra
amemus atque amplectamur. Nam storgae physicae
erga eos, qui nobis cari sunt, cum res sunt adversae,
5 tunc magis inritari solent atque accendi. Verus enim
amor semper tempore tristi elucescit magis. Quos
vero statim fortunae iniquitas mutat, hi, ut Euripides ait,

λόγῳ ἦσαν, οὐκ ἔργῳ φίλοι.

10   Vt igitur appareat nos vere ac serio amare doctrinam pietatis atque studia nostra, iam nos id declarare
oportet.   Neque vero id sine fructu faciemus; nam
litterae et doctrina ut rebus secundis ornamento sunt,
ita adversis perfugium ac solacium praebent, cumque
15 omnia vitae praesidia, spes omnes destituunt homines,
tunc pietatis, virtutis, doctrinae studium non destituit, sed
tum primum fulcit atque sustentat ac ne in morte
quidem deserit.   Hoc enim decus, ut Euripides ait,
in mediis aerumnis clarius lucet.

20   Si vero ullum unquam tempus fuit, quo apparuit,
quam nihil firmi sit in rebus humanis, nihil stabile,
haec, opinor, tempora nos id satis manifeste docuerunt.
Ad hunc igitur portum salutis dirigamus animos atque
oculos nostros, ut sanam puramque doctrinam verae
25 pietatis nunc magis quam unquam ante ac pertinacius
amplectamur et studiis nostris, quae ad gloriam Dei,
ad eiusdem doctrinae sacrae propagationem pertinent,
summa cura ac diligentia incumbamus atque in his
temporum procellis auxilium et liberationem ab aeterno
30 ac clementissimo Deo, patre domini nostri Iesu Christi,
et petamus et exspectemus.   Quod si fecerimus, non
dubium est, quin Deus poenas mitigaturus sit nobisque
Halcyonia, hoc est tranquillitatem, receptum et hospitia
largiturus, utut inter se regna huius mundi bellis ac
35 tumultibus conlidentur.

Cum igitur praesentis temporis atque officii ratio mihi hoc munus imponat, ut in hoc consessu brevem orationem habeam, non aliud argumentum deligere volui, quam ut ad Graecae linguae et litteraturae, 5 quam profiteor, studium adulescentes adhortarer, etsi id minus commode a me fieri posse intellego. Impossibile enim est, ut de linguae dulcissimae atque eruditissimae laudibus pro dignitate dicatur nisi ab homine eloquente atque haud vulgariter docto, quorum neu10 trum mihi adrogo. Sed spero tamen vos etiam haec qualiacumque boni consulturos esse, praesertim cum me non ambitione, sed officii ratione motum has dicendi partes suscepisse sciatis.

Ac primum quidem, etsi non idem omnibus in 15 discendo propositum est et alii ad aliud doctrinae genus variis causis invitantur, attamen qui hoc spectant, ut veram ac solidam doctrinam consequantur, hi sibi Graecae linguae cognitionem omnino necessariam esse putabunt: qua qui destituuntur, ad quodcumque 20 doctrinae genus animum applicaverint, ingenti adminiculo se destitui sentient. Quod non difficile est ostendere.

Nam primum ut de doctrina verae religionis ac pietatis agamus, tradidit nobis clementissimus et 25 optimus Deus, pater domini ac redemptoris nostri Iesu Christi, immensum thesaurum doctrinae sacrae. Qua nos de aeterna essentia sua, de origine, creatione, gubernatione ac conservatione rerum omnium, de voluntate denique sua erga nos edocet, ostendit nobis 30 originem peccati atque infirmitatis nostrae, causas item poenarum ac calamitatum humanarum et per eandem doctrinam remedia nobis atque liberationem ab omnibus his aerumnis, quibus propter peccatum oppressa est natura humana, et aeternam salutem 35 vitamque nobis offert. Misit ad nos eiusdem doctrinae

nuntios ac ministros, primum sanctos patres ac prophetas; misit tandem aeternum atque unicum filium
suum, dominum ac redemptorem nostrum Iesum
Christum, ut is victima pro peccatis nostris fieret ac
5 nos de eadem voluntate aeterni patris edoceret,
eumque hominem fieri, humana voce nobis loqui
et quidem aeterni patris verbum vocari voluit, ut
doctrinam ipsius praecipue nobis commendaret. Ac
pater ipse de caelo praecepit ipsum audiri. Quo
10 tempore una cum Spiritu sancto in baptismo Christi
se manifestavit ac de caelo clamavit: 'Hunc audite!'
Denique Christus ipse, cum a Iudaeis quis esset
interrogaretur (Ioh. 8), respondit se prorsus aliud
nihil esse quam eum, qui loqueretur ipsis, hoc est
15 doctorem atque nuntium consilii ac voluntatis aeterni
patris sui. Eiusdem doctrinae vulgandae ac propa-
gandae provinciam Christus post se apostolis eorumque
discipulis, usque dum hic orbis staret, mandavit. Et
quod inenarrabile miraculum est clementiae ac boni-
20 tatis divinae: tantam huius doctrinae vim esse voluit,
ut nullo alio modo, nulla ratione homines ab aeterna
morte liberari salvique fieri quam per hoc verbum
possent. Hoc unico modo Deus innotescere ac menti-
bus humanis inlabi vult et per eundem modum
25 Spiritum suum sanctum inspirat, per quem in pectore
humano novos motus ciet, novam lucem accendit ac
saepe testatur non alibi ecclesiam suam et electorum
coetus esse, quam ubi hoc verbum sonat, discitur ac
docetur. 'Qui non dixerit iuxta verbum hoc, non
30 erit ei matutina lux', inquit Esaias. Tantique facit
clementissimus et optimus Deus huius doctrinae
studium ac tractationem, ut filius aeterni patris ex
Deo ipso dicat natos esse, qui hoc verbum audiant,
meditentur ac tractent. Quo elogio quid dulcius
35 maiusve dici aut cogitari potest? Hanc vero felici-

tatem tantam ut consequi possimus, amare et magni
facere omnia instrumenta debemus, per quae iste
thesaurus comparatur, inter quae linguarum cognitio
merito prima censetur, id quod Deus etiam in sacra
5 pentecoste ostendit, cum in adventu Spiritus sancti
apostolorum linguae dissectae in modum flammae
apparuerunt et ipsi statim variis linguis miracula Dei
eloqui ac praedicare coeperunt. Apparuit tunc Spiritus
sanctus sub specie flammae ac linguarum, et prima
10 illius virtus atque efficacia in illa varietate linguarum
sese ostendit Deo per hoc ipsum significante, qualem
ecclesiam et quale regnum et quo modo id inter
homines congregaturus esset nempe per doctrinam,
cuius ministra lingua esset futura. Cum igitur aliter
15 hoc tantum bonum accipere non possimus, quam
beneficio sermonis et linguae et, ut divus Paulus ait,
fides est ex auditu, merito magni facere debemus istam
nobilem arcam, in qua tantus thesaurus repositus
adservatur; quam qui neglegunt, hi neque thesauro
20 potientur, sed una cum capsa ipsum quoque amittent.
Quanta vero et quam taetra ingratitudo est tanta
dona divina neglegere, quanta infelicitas his excidere
ac frustrari!

Porro inter linguas Graeca, sive multiplicem doctri-
25 nam spectemus, quam Deus per hanc linguam humano
generi impertivit, seu suavitatem atque elegantiam,
facile primum locum obtinebit. Nam primum huic
linguae Deus novum testamentum, hoc est eam doctrinam, cuius ad nos nuntium ac doctorem aeternum
30 filium suum misit, concredidit. Cum enim populus
Iudaicus propter ingratitudinem a gratia divina exci-
disset atque iuxta veterum oraculorum praedictionem
gentibus haec mysteria clementiae divinae adnuntianda
atque offerenda essent et Graecorum cum natio tum
35 lingua longe lateque tunc Asiam atque Europam

occupaverat. voluit Deus hanc linguam eius doctrinae
potissimum nuntiam et ministram esse. Ad cogno-
scendum igitur atque recte intellegendum novum testamentum, quod continet evangelium Christi, omnino
5 opus est huius linguae auxilio. Nam cum et filius
Dei, redemptor noster, in hoc libro de rebus caelesti-
bus, de regno patris sui suoque, de aeterna salute
nostra ita significanter, ita dilucide contionetur, ut
nulla creatura, nullus vel angelus vel homo ita loqui
10 potuerit. et apostoli a Spiritu sancto adflati eandem
in dicendo lucem imitari studuerunt et orationem
suam ad Christi praeceptoris sui dicendi figuram
quam proxime effinxerunt. Multaeque hic sunt voces,
multae figurae ac phrases, multae item sententiae,
15 quibus mirabile pondus inest: pleraque enim ex
propheticis scriptis deprompta sunt eaque incredibili
atque inimitabili verborum luce atque emphasi reddita,
et tota denique oratio spirat reconditam quandam
ac divinam sapientiam. Non vulgariter certe eruditus
20 grammaticus a me censebitur, qui novum testamentum
poterit, saltem grammatice, dextre ac recte inter-
pretari et illam sermonis vim atque energiam ut-
cumque explicando adsequi.

Huc accedit, quod haec natio postea quoque primae
25 ecclesiae ac purioris doctrinae doctores atque interpretes complures habuit pios ac sanctos; qui cum
historiam primum nascentis ecclesiae fideliter descripserunt tum vero eruditis interpretationibus eandem
doctrinam sacram utiliter inlustrarunt. Destituuntur
30 igitur et fontibus ipsis et sinceriore explicatione
multarum huius doctrinae partium, qui ope linguae
Graecae destituuntur. Nam quod ad versiones attinet,
vidimus, quanta miseria sit, si quis illis solis niti
cogatur. Nam praeterquam quod vix fieri potest, ut
35 sententia ubique eadem felicitate ac perspicuitate in

alienam linguam transfundatur, multa etiam alia in-
commoda interpretationes sequuntur, fitque saepe,
ut vel inter reddendum nativus sensus obscuretur
vel in aliam quasi speciem transformetur atque ita
5 pervertatur, ut vix eundem agnoscere possis, et non
raro usu venit, ut verius metamorphosim quam inter-
pretationem talem versionem dicere possis: id quod
non solum in sacris litteris, sed in aliis quoque disciplinis accidere solet. Quam dulce igitur est, immo
10 vero quanta felicitas est posse cum filio Dei, cum
evangelistis et apostolis ipsis, cum divo Paulo absque
interprete loqui et veras vivasque audire ac reddere
voces! Quod si tantum tribuimus nonnunquam gratiae
ac favori alicuius regis aut principis, ut ipsius causa
15 atque ut absque interprete cum eo conloqui possimus,
barbaricam aliquam linguam discere non dubitemus,
immo vero si turpis lucri spe saepe non una bar-
barica lingua cum ingenti temporis iactura nec sine
vitae periculo discitur (quod a mercatoribus fieri
20 videmus, qui liberos suos peregrinas linguas tenere
volunt non aliam ob causam, quam ut cum illis
gentibus postea commercia habere possint, unde aliquid lucri accessurum sperant: ita leves saepe causae
impellunt homines, ut etiam indoctarum et barbarica-
25 rum linguarum cognitionem appetant), quanto magis
aeternae felicitatis ac salutis cura nos incitare debet,
ut linguam omnium dulcissimam et cum tot pulcherri-
marum artium magistram tum vero caelestis doctrinae
nuntiam atque aeternae salutis et tantorum beneficio-
30 rum divinorum conciliatricem amplectamur!

Non absque singulari consilio divino factum est,
quod evangelii doctrina, etsi per totum orbem spargi
debuit, tamen huius gentis lingua primum ac potissimum descripta atque ita ad posteros transmissa
35 est. Cum enim haec lingua iam ante doctrinam

morum, disciplinae et humanitatis, hoc est legis
divinae, contineret, cum optimarum artium vitaeque
humanae summe necessariarum magistra esset, cum
rerum gestarum et historiae mundi ταμεῖον, voluit
5 Deus et hunc thesaurum per eiusdem linguae ministerium
humano generi impertiri, ut ostenderet inter cetera
beneficia sua hoc beneficium vel praecipue expetendum
atque amplectendum esse.

Quapropter si fieri posset, optandum foret, ut
10 omnes mortales hanc linguam discere ac tenere tan-
taque commoditate perfrui possent. Sed quando id
vix fieri potest, illi certe, quos Deus ad litterarum
ac doctrinae studium sevocavit, hoc tantum beneficium
divinum neutiquam neglegere debent. Non mirum
15 enim est infeliciter eos alias doctrinas tractare, qui
hac luce amissa in tenebris versari malunt. Nam
videte mirabilem clementissimi Dei bonitatem, provi-
dentiam ac cupiditatem largiendi bona sua hominibus
inenarrabilem. Qui ut quam plurimos homines ad
20 hanc linguam discendam invitaret, multis eam inle-
cebris, multis invitamentis undique cumulavit. Primum
enim non alia lingua dulcior est, non alia suaviore
sono auribus inlabitur, et si verum est, quod Hero-
dotus ait, animum in auribus habitare, non alia certe
25 maiorem vim habebit ad demulcendos ac percellendos
animos hominum. Deinde pueris ut crustula blandi
dant praeceptores, ut benigni parentes ac propinqui
dulciariis aliisque id genus munusculis pueros ad
se invitare solent non aliam quidem ob causam,
30 nisi quia eos amant et vicissim ab eis amari atque
ipsis benefacere cupiunt, hoc illis volupe est, hoc
maxime delectat, ita Deus, benignissimus pater, multi-
fariis dulcissimarum artium condimentis hanc linguam
refersit, ut, dum illas inlecebras sectamur, interim
35 etiam doctrinam de paterno ipsius erga nos amore,

de oboedientia nostra erga ipsum deque aeterna salute
ac felicitate nostra simul apprehendamus. Vtque
cum serenum caelum, cum tempestivum imbrem, cum
cibum, cum potum, cum bonam valetudinem, pacem
5 aliaque id genus vitae praesentis commoda nobis lar-
gitur, ab his elementis vult nos progredi ac voluntatem suam, benevolentiam, pietatem et adfectum plus quam
paternum erga nos agnoscere, ut deinde et aeterna
bona ab ipso sperare atque petere atque etiam accipere
10 discamus, ita dum arithmeticae, musicae, doctrinae
de motibus caelestium corporum, de natura rerum,
medicinae, morum, legum atque officiorum civilium
aliarumque dulcissimarum artium doctrinam per hanc
nobis linguam suppeditat, ab eadem nos quoque vult
15 petere doctrinam de aeternis suis bonis, quam una
cum ipsis bonis nobis praecipue cupit impertiri. Nam,
ut vere et pie dixit ille, nulla mens humana tam
avara et cupida potest esse accipiendi bona a Deo,
quam cupida et prompta est natura divina ad largien-
20 dum. Cum igitur is qui offert, qui dare cupit
effusissime et quidem infinita bona, praesto adsit et
ut accipiamus hortetur, invitet, obtrudat denique nobis
sua dona, quanta fuerit caecitas nostra, quanta ingratitudo quantisque ea poenis infernalibus digna, si
25 hunc tantum, tam benignum ac munificum datorem
cum suis tantis donis respuamus?

Sed non dat ille nolentibus ac recusantibus, non
dat contemptoribus suorum beneficiorum; ut igitur
accipiamus, cupere nos et petere oportet. Et quanto
30 avidius cupiemus, quanto improbius, immo vero quanto
importunius instabimus, tanto plenius ille bona sua
in nos effundet. Tunc vero cupere nos indicabimus,
cum caelestem verbi ipsius doctrinam, quae omnium
horum bonorum unicum penu est, sitiemus, cum eam
35 dies noctesque meditabimur in eaque mentem ac

cogitationem iugiter pervolvemus. Atque ut id recte
ac commode facere possimus, cognitionis eius linguae,
qua ea doctrina traditur, nobis opus erit. Nam si
filii pii atque erga patrem εὐστοργοι erimus, nempe
5 linguam pientissimi parentis discere atque etiam
imitari et exprimere studebimus.

Prolixior fui quam volebam in causa minime
dubia neque in praesentia cum illis rixabor, quos
vel caeca cupiditas sua vel error a satana obiectus
10 vel propria malitia ac furor transversos abripit, ut
omnia haec dona divina vel contemnant vel negle-
gant vel superbe derideant etiam: satis illi miseri
sunt et poenarum omnium maximam sustinent. Sunt
enim oppressi caecitate, satanico errore, ignoratione
15 et odio Dei atque aeterna morte, quibus poenis nulla
ne apud inferos quidem atrocior esse potest.

Sed quia et de aliis disciplinis mentionem fecimus,
quas haec lingua continet, de illis quoque aliquid mihi
attingendum videtur. Diximus linguam Graecam
20 magistram et quasi fontem esse non tantum caelestis
doctrinae, sed et reliquarum artium ut pulcherrima-
rum ita et vitae humanae adeo necessariarum, ut
non hic aer vel ignis magis necessarius sit. Nam ex
qua alia lingua, quae quidem nobis nota esse potest,
25 tu mihi petes omnes paene partes philosophiae? Quae
enim alia, ut de his primis artibus dicendi et ratio-
cinandi iam taceam, habet eruditiores aut inlustriores
scriptores doctrinae de motibus caelestium luminum,
de natura rerum, de valetudine corporum nostrorum
30 ac remediis morborum? Ex qua alia historiam
imperiorum et rerum gestarum totius mundi petemus?
An non infantes, an non velut in densa caligine
rerum versari videbimur, si hac luce destituamur?
Vbi enim historia sacrorum librorum desinit, ibi
35 Graeca historia incipit, et manifeste apparet singulari

consilio divino ita comparatum esse, ne deesset generi
humano continua historia praecipuarum rerum inde
usque ab initio mundi, unde etiam primordia ac
fontes verae religionis investigari ac perspici possent.
5 Haec nulla alia lingua suppeditat: nam qui ex
Romanis uberrimus est, Livius, is unius tantum gentis
historiam pertexuit. Ceteri partim mutili partim
etiam indocti ineptique sunt. Quanti vero referat
etiam ad recte iudicandum de sana doctrina religionis,
10 ad erudiendam et confirmandam conscientiam inte-
grum corpus historiae mundi ob oculos habere, id
illi norunt, qui in explicandis eius doctrinae contro-
versiis versantur. Certe ingenti luce in omnibus
rebus diiudicandis destituemur, si hac antiquitatis
15 notitia careamus, ut taceam, quod vita humana in universum sine cognitione historiae aliud nihil est
quam, ut ille ait, perpetua quaedam pueritia, immo
vero perpetua caligo ac caecitas.

Iam, quis nescit fontes legum partim ex historia
20 imperiorum et gubernationis, partim ex doctrina de
moribus, quam ethicen vocant, oriri ac promanare?
Quorum utrumque ex lingua Graeca requirendum esse
supra ostensum est. Quid vero aliud est professio
iuris absque his philosophiae fontibus quam manca
25 et inerudita quaedam τριβή?

Porro totam doctrinam mathematicam ne quidem
aliunde quam ex Graeca lingua petere possumus.
Nam versiones quam non sordidae, rudes, incultae
tantum, sed saepe etiam perversae sint, videmus.
30 Arabum vero scripta in hoc genere, ut horridiora sunt
ac minus integra, ita et erroribus ac magicis super-
stitionibus referta. Iam de natura rerum, de corporum
humanorum temperatura, adfectibus, cura ac remediis
quos tu mihi scriptores dabis, qui vel plenius id
35 genus doctrinae complexi sunt vel veriores sententias

secuti quam Graeci? Nam qui inter Arabes principem
locum obtinet, Avicenna, is se Galeni interpretem
ipse fatetur esse, atque is ipse ut prodigiosa inter-
pretationum caligine ac paene Cimmeriis tenebris
5 involutus atque oppressus sit, videmus. Quae causa
est, ut et sententia eius multis in locis vix accipi
atque intellegi possit et ingenia ad dulcius doctrinae
genus adsuefacta offensa isto horrido ac prodigioso
sermone ab eius lectione resiliant. Ceteri Arabes
10 partim iisdem vitiis laborant, partim etiam minus
integre et confusius artem tractant. Nam quae a Latinis
scriptoribus prodita posterior aetas peperit, ea partim
ex Graecis scriptoribus sunt petita. Soli ergo fontes
Graeci restant, unde id doctrinae genus pure plene-
15 que hauriri potest, ut vere dictum sit a Cicerone
posteritatem ab illis philosophiam et omnes ingenuas
artes habere. Inter eos vero Galenus primum obtinet
locum; qui et ipse, Deum immortalem, quibus ver-
sionum corruptelis contaminatus, quam misere, quam
20 crudeliter discerptus ac deformatus et quasi magicis
venenis ex homine in beluam transformatus fuit!
Accipiat aliquis in manus veterem librorum ipsius
μετάφρασιν: non unum versum Galeni agnoscet, ita
barbarico caeno omnia obruta, distorta ac foedata
25 videbit. Et cum Galeni oratio pura, inlustris atque
etiam speciosa sit, hic bovem verius mugire quam
hominem loqui dices, immo vero stridorem sartaginis,
non animantis vocem te audire putes. Vnde accidit,
ut miseri lectores doctrinae medicae cupidi diu mul-
30 tumque laboraverint seque, dum in illis spinis haerent,
excruciaverint frustra nec tamen Galeni sententiam
multis in locis, etsi ea plana ac perspicua erat, adsequi potuerint. Peperit ea inscitia linguae, ut solet,
multos noxios errores, quibus haec doctrina multi-
35 pliciter superiori aetate contaminata fuit et quibus

repurgandis etiam hodie homines docti non minus occupati sunt, quam Hercules olim in Augiae stabulo repurgando fuit.

Quam igitur haec duo coniuncta sunt, linguarum atque elegantioris litteraturae cognitio et pura doctrina veritatis, id nostro saeculo satis manifeste, ut opinor, apparuit. Statim enim, ut linguarum lumen effulsit, simul emicuit purior lux evangelicae doctrinae, et cum omnium ceterarum ingenuarum artium tum vero praecipue medicinae sanior ac sincerior explicatio secuta est. Quapropter etsi verum est, quod Plutarchus ait, doctrinae laudem mereri, non in ore aut lingua, sed in pectore habuisse Musas, attamen res ipsa indicat, quam haec duo certo foedere inter se iuncta sint nec pectus erudiri posse nisi opera ac beneficio linguae. Recte igitur sermo a Platone vocatur seminarium doctrinae. Iam sicut ea, quae ex terra nascuntur, si semen vel ignobile sit vel aliquo vitio corruptum, maligne proveniunt, degenerant messes et plantae, ita cum genus sermonis sordidum, corruptum ac vitiosum est, corrumpitur illo vitio ipsa doctrina quoque, obscuratur, ac saepe pervertitur veritas ipsa. Quod ita fieri non est ut miremur. Non enim aliud est instrumentum magis proprium vel pulchrius universae doctrinae quam oratio pura et perspicua.

Quicumque igitur doctrinam veram solidamque expetunt, hi linguae atque orationis puritatem ac nitorem sibi neutiquam neglegendum esse statuant; verum eam virtutem nunquam consequentur, qui linguae Graecae subsidio destituuntur. Nam Latinus sermo quidquid habet elegantiae aut venustatis, id ex Graecis fontibus accersitum est; si demas scriptoribus Romanis lumina Graeci sermonis, quod praeterea emineat, parum erit, ut vere ac recte dictum sit ab Horatio:

Graiis ingenium, Graiis dedit ore rotundo
Musa loqui.

Et quam ne Latinam quidem linguam recte tradere
vel discere etiam possimus absque Graeca, ut doctorum
5 hominum testimonia de hac re omittam, satis declaravit
superioris aetatis, qua Graeca ignota fuit, barbaries.
Quae ut per se odiosa ac deformis est, ita multos
noxios foedosque errores atque opiniones monstrosas
secum in omnes paene disciplinas invexit. Quapropter
10 merito ab ea nunc velut ad suaviorem victum tra-
ducti totis animis abhorremus. Nam hoc fere communiter fit, ut cum erroribus et fanaticis opinionibus
coniuncta sit orationis confusio ac deformitas. Quam
monstrosa, quam distorta est oratio Mahometi in
15 Alcorano: non hominem, immo ne bovem quidem,
sed Plutonem ipsum ex infernalibus tenebris boare ac
feralem vocem edere putes.

Vt taceam, quod sicut studia abeunt in mores,
ita et sermonis vitium plerumque comitantur vitiosi
20 mores et mentis character fere est ipsa orationis
forma: quae si peregrina, si distorta vel prodigiose
adfectata vel horrida est, non dubium est, quin et
consimilis sit sensus, consimiles mores. Quid enim
aeque cognatum est ingenio et naturae hominis ut
25 oratio? Ea vero ut non rudis, sed culta et erudita
sit, ita consequemur, si linguas studio ac doctrina
magnorum hominum expolitas discemus: atque inter
eas Graeca haud dubie ceteris omnibus palmam prae-
ripuit. Nam ut nitore, elegantia, venustate ac suavitate
30 facile ceteras vincit, ita doctrinae, humanitatis et
omnium ingenuarum artium fons est ac magistra.
Neque nos moveat, quod haec tempora bonis tum
studiis tum moribus nimio plus infensa etiam huic
linguae atque doctrinae minus aequa sunt. Communis
35 haec est fortuna optimarum rerum; non enim haec

tempora aequiora sunt veritati, non aequiora purae
doctrinae pietatis, non denique ipsi Deo, conditori
rerum omnium ac conservatori. At veteres synodi
magna cura linguarum cognitionem in ecclesia conser-
5 vandam esse censuerunt, quod testantur illis temporibus
nata decreta et canones. Haec postrema faex mundi
ut veritati ipsi infensa est, ita et organa verae doctrinae odit: vellent omnia recidere ad illud vetus
chaos, ut vel inter pecudes saltem regnum obtinere
10 possent. Et urgent hanc aetatem ultimae poenae
horribilium peccatorum et postremus furor principis
huius mundi ac prope instans dies iudicii divini. Non
igitur vulgi iudicia aut temporum iniquitas nos ab
optimarum rerum studiis avocare debent. Immo haec
15 ipsa mundi amentia nobis stimulos et calcar addere
debet, ut ardentius ac cupidius haec bona persequamur.
Non enim aliud praesentius remedium est praesentium
et imminentium malorum, non aliud solacium dulcius
aut firmius in his temporum asperitatibus. Quam
20 saepe, quam graviter nos reverendus D. Martinus ad
studium linguarum hortatus est, et ipse quamvis iam
senex Graecam linguam didicit atque in Hebraea ita
elaboravit, ut etiam summi apud Iudaeos rabini
palmam illi concederent. Vidit enim vir tanto ingenio,
25 doctrina atque iudicio praeditus, quam necessaria
ecclesiae esset linguarum cognitio et quam ad veterem
vastitatem ac priores tenebras doctrina sacra reditura
esset, si linguae neglegerentur.

  Quapropter si ad veterem illam barbariem respec-
30 tamus, si praesentis lucis pertaesi priores tenebras
requirimus, ut id consequamur, non alia magis com-
pendiaria via est, quam ut linguarum studium interire
sinamus et praecipue Graecae linguae. Haec enim
ut lumen caelesti doctrinae praefert, ita totum orbem
35 liberalis ac cultioris doctrinae fulcit atque sustentat.

Quod si quem omnino glandes ac suillus victus delectant magis quam humanus, eum una cum gryllo inter porcos vitam exigere sinamus. Nos vero aeternum ac clementissimum Deum, patrem domini nostri
5 Iesu Christi, toto pectore precabimur, ut puram et sinceram sacratissimi verbi sui doctrinam in ecclesiis nostris non sinat intercidere aut erroribus iterum contaminari vel obscurari sophisticis praestigiis, ut in his mundi senescentis tenebris saltem haec lux
10 non exstinguatur, utque haec studia optimarum artium et linguarum, quae partim caelesti doctrinae explicandae serviunt, partim verum ac rectum iudicium de rebus formant, partim opitulantur huic miserae humanae vitae, clementer tueatur ac conservet et,
15 cum ipse horum omnium bonorum fons atque auctor sit, ut haec sua beneficia inter nos rata ac firma esse velit nosque vicissim haec divina dona reverenter tractemus et cupide amplectamur nec ullum etiam studium aut laborem, dum illa consequi possimus, re-
20 cusemus, ne nobis hoc veteris poetae occinatur:

Σῦκα φίλ᾽ ὀρνίθεσσι, φυτεύειν δ᾽οὐκ ἐθέλουσι.

Gratae avibus ficus, sed nolunt ferre laborem.

Debent vero nos etiam corruptelae doctrinae sacrae, errores et blasphemiae horum temporum invitare ad
25 serio discendum, ut et nos et alios contra illos laqueos satanae communire ac praeparare possimus. Sic enim Deus praecipit (Proverb. 27): 'Disce, fili mi, sapientiam, ut refutari possint hi, qui mihi convicium faciunt: et gaudebit cor meum.' Dixi.

Zeitfracht Medien GmbH
Ferdinand-Jühlke-Straße 7
99095 Erfurt, Deutschland
produktsicherheit@kolibri360.de